小学语文教学与思维创新

Xiaoxue yuwen Jiaoxue yu Siweichuangxin

陈永晶·著

上海科学普及出版社

图书在版编目（CIP）数据

小学语文教学与思维创新 / 陈永晶著 . -- 上海 : 上海科学普及出版社 , 2024.2

ISBN 978-7-5427-8652-4

Ⅰ . ①小… Ⅱ . ①陈… Ⅲ . ①小学语文课－教学研究 Ⅳ . ① G623.202

中国国家版本馆 CIP 数据核字 (2024) 第 038841 号

责任编辑： 胡伟

小学语文教学与思维创新

陈永晶 著

上海科学普及出版社出版发行

（上海中山北路 832 号 邮政编码：200070）

https//www.pspsh.com

各地新华书店经销 北京兴星伟业印刷有限公司印刷

开本 1/16 印张：13 字数：200 000

2024 年 2 月第 1 版 2024 年 2 月第 1 次印刷

ISBN 978-7-5427-8652-4 定价：48.00 元

前言

“教学既是一门科学又是一门艺术。”凡有语文教学，就有语文教学法的研究。中国古代的语文教育，受当时的教育制度、人才选拔制度的制约，尚未独立出来自成一门学科，但是古代学者们总结出许多大体符合那个时代要求，符合汉语文教育学规律的经验，如集中识字、广泛阅读、多读多背、熟读深思、多写多改等。后来随着时代的发展，中国传统语文教学也开始展现出不同的特点,又经过应试教育的影响,教学过程中又出现了重结果轻过程、重记忆轻思考的趋势。机械的训练的方式忽视了学生的阅读思维，教学效果难以提升。

教学改革后，语文教育越来越重视对学生阅读思维能力的培养。小学语文课程标准和语文核心素养理念都强调了发展学生的思维能力，小学语文教育研究者和一线语文教师也为培养学生的阅读思维能力进行了一系列的教学实践。如何有效地培养学生的阅读思维能力，改进小学语文阅读教学，已经成为目前语文教育的重要课题之一。

本书注重教育者与学习者的思维创新与发展，对学生的人格培养、价值观塑造给予了高度关注，尤其重视学生语文核心能力的培养，故本书在编写中重点关注小学语文阅读教学现状和小学生生思维特点，从理论和实践两个维度探讨阅读思维能力的培养方法，首先详细论述小学语文识字写字教学、阅读教学、习作教学以及口语交际教学，提出了创新性教学策略。其次阐述了学生思维的训练方向与方法，最后总结了培养学生思维创新能力的方法。本书具有一定的理论价值和现实意义，意在引起小学语文教育研究者和语文教学工作者对阅读思维能力的关注，为小学语文阅读教学中问题的解决提供一些启示。

可作为小学语文教学从业者的参考用书，亦可供对教育事业感兴趣的读者参考。

目录

第一章 语文教学与思维创新的意义

第一节 语文课程性质之争

一、关于语文课程性质的不同观点

（一）强调工具性

叶圣陶认为语文是一门工具学科，最重要的是语言文字的学习与掌握，这个才是基础。“语文是工具，在文、史、哲、数、理、化、地理的学习、表达和交流都需要语文这个基础工具。”[①]语文教师应尽快改进语文的教学方式和教学内容，语文工作者应该研究如何使语文教学更加科学化。而且，人类交际的工具、思维的工具以及学习各种文化知识和科学技术的工具，是语言。新中国成立初期的语文教育过度强调思想政治教育，我们要吸取这一历史教训，如今人们开始强调重视语文的工具性，提出语文教学是传授语文知识和培养学生的语文基本能力。

刘国正的《我的语文工具观》再次重申：“语文学科的工具性，是由语言是一种工具来决定的。”[②]研究思路依旧是认定语文等于语言，语言的工具性便是语文课的性质，他将自己新的研究成果概括为五个方面：“语言是人类自身具有的工具”“语言是适应全民使用的工具”“语言是与生活密切相连的工具”“语言是与人的思维和思

[①]叶圣陶．叶圣陶语文教育论集（上）[C]．北京：教育科学出版社，1980：199.

[②]刘国正．我的语文工具观[J]．课程·教材·教法，1996（7）：25.

想感情不可分割的工具，或者说是人类精神的一个组成部分”“语言是技能性很强的工具”。语文课程的工具性，是语文教学改革当中得出的最主要的观点。

张志公也十分强调语文的“工具性”，他在《工具·实用·现代化》中说：“语文课主要是培养和提高学生运用语言文字的能力，培养和提高听说读写能力。”[①]培养学生运用语文的能力，是语文课的“主”，不过语文课又具有综合性，对于学生思想情感上的培养也是不可避免的，但不能“喧宾夺主”。学生运用语言文字的基本能力十分重要，但实际的教学情况并不是很理想，需要在教改上注意学以致用，提高教学效率。

在语文教学中，思想政治教育和读写训练是辩证统一的，两者是相辅相成、互相促进的。教学大纲确定之后，许多学者不再纠结于语文课程是强调“工具性”还是突出“人文性”，开始探讨语文教学科学化的问题。吕叔湘的《当前语文教学中两个迫切问题》提出疑问：小学语文课的教学时间是各科之中最长的，但学生的语文成绩大多数还是不过关。针对这个疑问，吕叔湘的回答是：语文水平低下、语文成绩不高，是因为之前语文一直被上成政治课，忽略基础知识的训练。所以，接下来在语文教学过程中，语文教育工作者应该着重探讨提高语文教学效率，做到在最短的时间内使学生达到更好的水平。[②]蒋仲仁在《语言规律与语文教学》中提出，语文教学的主要任务是教

[①]张志公，庄文中．工具·实用·现代化[J]．语文学习，1996（11）：4.
[②]吕叔湘．当前语文教学中两个迫切问题[N]．人民日报，1978-3-16.

学生学习语言，从综合运用中学习，分析归纳出语言学习的规律、理解规律，然后在综合运用中付诸实践[①]。

（二）突出人文性

20世纪80年代，关于语文课程人文性的探讨陆续展开。申小龙的《汉语的人文性与中国文化语言学》认为，现代语言学忽视了汉语的人文传统，“失去了语文的人文性”[②]，随后，语文“人文性”的观点引发了语文教育工作者的广泛思考。

陈钟梁在《是人文主义，还是科学主义》中指出：“现代语文教学发展的趋势，可能是科学主义思想和人文主义思想的结合。”[③]语文是“科学主义和人文主义两者的结合”这个推论，引起语文教育界对于“人文主义”的注意和深层思考，语文教育工作者接受并支持语文教育的人文性，认为在语文教学中应该突出语文教育的人文性特点。

程红兵的《语文教学“科学化”刍议：与魏书生同志商榷》指出：“教育不能离开人，教育的科学性离不开人。”[④]离开人的教育，任何教学活动如果忽视了人，没有关心到学生的人格特质，那么教育的科学性就不值一提。要把语文教学纳入培养人的背景下去实施，语文教学要与人格培养的价值取向相一致，教育的出发点和归宿都

[①]蒋仲仁．语言规律与语文教学[J]．教育研究，1979（1）：82.

[②]申小龙．汉语的人文性与中国文化语言学—重评《马氏文通》[J]．读书，1987（8）：114.

[③]陈钟樑．是科学主义，还是人文主义[J]．语文学习．1987（8）：2.

[④]程红兵．语文教学“科学化”刍议：与魏书生同志商榷[J]．语文学习．1991（11）：11.

是人本身。

韩军提出："语文教学是一门社会科学，人文精神是它的基本属性。在语文教学中要注重培养学生对语言的体验和感受，要注重情感的真切投入，要注重学生人格的全面完善。"[①]要引导学生从内心出发，体会文章作品的真情实感，结合自己的亲身经历，形成自己独到的理解。世纪末关于语文课程性质的讨论，体现出语文教育工作者对人文精神的呼唤与期盼，强调要把学生带入语文教学活动中去，反对对学生进行单调、片面的语文技能训练。语文教育在培养学生的基本能力与素质的同时，还要注重对学生高尚品格、正确人生观的教育，培养学生的语文涵养，全面提高学生的语文素养，促进学生德智体美劳更全面、和谐的发展。这种肯定人、尊重人、发展人的人文主义，是语文学科自身的特性所要求的，还应该包括对语言文字所记载的传统历史文化和人文情怀进行学习。

于漪将人文性提高到语文课程性质的认识高度上来，她认为想要给语文定位，首先给语言（汉语）定位："语言不但有自然代码的性质，而且有文化代码的性质；不但有鲜明的工具属性，而且有鲜明的人文属性。""没有人文，就没有语言这个工具；舍弃人文，就无法掌握语言这个工具。""人们在给语文学科定位时，使用的'性'超过十个，但'人文性'似乎更为合适。"[②]这里可以看出于漪对语文课程基本属性的观点，人文性才是语文课程的基本属性，语文教

[①]韩军．限制科学主义，张扬人文精神[J]．语文学习．1993（1）：16.

[②]于漪．弘扬人文改革弊端—关于语文教育性质的反思[J]．语文学习，1995（6）：2.

育要重视学生人文精神的养成。语文的人文性与思想性是语文的本质属性，语文教学有形式上的任务和根本的任务。语文知识的传授是形式上的任务，传播道德和文化是根本的任务。不能错把语文知识的传授当成语文教育的根本任务而忽略了对文章深层的感悟。语文教学需要通过文学作品来培养学生正确使用语言的能力，在对学生培养的过程当中，注重学生的人格发展和真情实感的表达，要引导学生从内心出发体会文章作品的真情实感，结合自己的亲身经历，形成自己独到的理解。综上所述，“人文性”最开始针对的是科学主义思潮，并不是“工具说”，对语文学科的研究逐渐从注重科学性转向关注人文性。

（三）坚持工具性与人文性的统一

于漪、程红兵在《关于语文教育人文性的对话》中提出：“语文教学中工具性、人文性皆重要，不可机械割裂。”[①]提出语文科的人文性的同时，也提出语文学科是语言的工具训练和人文教育的综合。语文课程中的“工具性”“人文性”两者都是重要的，不能轻视任何一方。只讲人文精神，不注重基础知识的传授，就失去了语文最本质的东西，背离了语文学科的初衷；但只关注语言文字，不关注人文精神的灌输，语文这门课程就失去了本身的“灵魂”，步入另一个误区。语文的这两方面应该结合起来，互相体现，相得益彰。

1980 年《全日制十年制学校小学语文教学大纲（试行草案）》

[①]于漪，程红兵．关于语文教育人文性的对话[N]．文汇报，1996-4-15.

对于语文性质的表述是："语文是小学的一门重要学科，学生学会了看书、作文，掌握了语文这种基础工具，对于学习其他各门知识，是非常重要的。""语文是从事学习和工作的基础工具。"

《义务教育语文课程标准（2022年版）》指出：语文课程是一门学习国家通用语言文字运用的综合性、实践性课程。工具性与人文性的统一，是语文课程的基本特点。语文课程应引导学生热爱国家通用语言文字，在真实的语言运用情境中，通过积极的语言实践，积累语言经验，体会语言文字的特点和运用规律，培养语言文字运用能力；同时，发展思维能力，提升思维品质，形成自觉的审美意识，培养高雅的审美情趣，积淀丰厚的文化底蕴，全面提升核心素养。可以看出，人文说逐渐被人们所接受、官方对语文课程性质"人文性与工具性"观点的认可。此外，小学语文新课程标准中强化了课程育人导向，明确指出要帮助学生正确理解并运用语文知识，并在此基础上培养学生语文核心素养，进而实现立德树人的教育任务，实现素质教育的发展与提升。

二、21世纪以来关于语文课程性质的探讨

（一）关于小学语文课程性质的探讨

20世纪末的"工具（科学）""人文"之争，反映在了21世纪初颁布的课程标准（教学大纲）当中。虽然课程标准（教学大纲）对语文课程性质进行了统一，是"工具性与人文性相统一"，但对新课标中的观点也有提出质疑的声音，其他观点也层出不穷，最具有代表性的是"言语性"的观点。

1. 新课标（教学大纲）中语文课程性质的确立

2000年《九年义务教育全日制小学语文教学大纲(试用修订版)》规定:“语文是最重要的交际工具,是人类文化的重要组成部分。”相比,2000年的高中语文教学大纲兼顾了语言与文化两个方面,语言与文化都是语文的有机组成部分,突出了语文是工具性和人文性的辩证统一,反映出语文教育观念的转变。

在2001年颁布的《全日制义务教育语文课程标准(实验稿)》中,在“语文是最重要的交际工具,是人类文化的重要组成部分”之后,增加了“工具性与人文性的统一,是语文课程的基本特点”[①],表明语文教育界对“工具性”“人文性”相统一观点的接受。虽然课标并没有明确界定语文课程的基本性质是什么,但是较准确地揭示了语文学科的基本特点,也为语文课程的设置和教学提供了依据。巢宗祺的解释是:“‘工具性’着眼于语文课程培养学生语文运用能力的实用功能和课程的实践性特点,‘人文性’着眼于对于学生思想感情熏陶感染的文化功能和课程所具有的人文学科的特点”[②],认为“工具性”的基本内涵和19世纪科学主义是相通的,要在实际的教学过程中,将“工具性”与“人文性”相结合,才能实现学生的全面发展。

《义务教育语文课程标准(2011年版)》对语文课程性质的界定是:“语文课程是一门学习语言文字运用的综合性、实践性课程。

[①]教育部.全日制义务教育语文课程标准(实验稿)[M].北京:北京师范大学出版社,2001:1.

[②]巢宗祺.关于语文课程性质与基本理念的对话(一)[J].语文建设,2002(7):11.

义务教育阶段的语文课程，应使学生初步学会运用祖国语言文字进行交流沟通，吸收古今中外优秀文化，提高思想文化修养，促进自身精神成长。工具性与人文性的统一，是语文课程的基本特点。”[①]“综合性”体现了语文课程与纯科学体系的不同，具有更丰富的内容，“语文课程虽然也有内在知识体系，但语文课的学习却不以追求知识体系的完整为主要目标，而以全面提升学生的语文素养为核心目标。”[②]“实践性”则表明，语文课程不仅仅是掌握基础知识，还要将所学的知识运用在生活实践之中。

2022 年 4 月，《义务教育语文课程标准（2022 年版）》正式颁布，与前一版比较，其将“语文课程是一门学习语言文字运用的综合性、实践性课程。工具性与人文性的统一，是语文课程的基本特点”改为“语文课程是一门学习国家通用语言文字运用的综合性、实践性课程。工具性与人文性的统一，是语文课程的基本特点”。[③]“义务教育语文课程标准修订工作从落实立德树人根本任务出发，认真贯彻党的十八大以来党中央、国务院有关教育的政策精神”。[④]这次新课标的修改，也是第一次在课标中提出“文化自信”，强调

[①]教育部．义务教育语文课程标准（2011 年版）[M]．北京：北京师范大学出版社，2012：2.

[②]温儒敏，巢宗祺．义务教育语文课程标准（2011 年版）解读[M]．北京：高等教育出版社，2012：90.

[③]教育部．全日制义务教育语文课程标准（实验稿）[M]．北京：北京师范大学出版社，2022：1.

[④]郑国民．文化人，建设素养型语文课程标准—义务教育语文课程标准（2022 年版）解读.

培养学生热爱祖国文字、中华优秀传统文化，加强对学生核心素养的培养。

（二）有学者提出对语文课程性质的质疑

虽然语文课程新大纲以及课程标准先后颁布，但是对语文课程性质的质疑却始终存在。陈钟樑指出："眼下的语文课越上越大，也越上越空了。远离了文本，也远离了最有活力的语言文字。"这种"有人文而无语文"的语文课偏离了改革的初衷，更多的是思想教育、道德教育的回升，同时也看到了语言教育的失落。虽然语文课程标准中明确规定工具性与人文性的统一是语文课程的基本特点，但实际上这只是一个观点而已，甚至只是一句虚言，课改实验中的现实教学选择是"重文轻语"。

潘新和的《语文：表现与存在》认为，当前的语文课陷入了"工具论、人文论的迷失"。他分析《全日制义务教育语文课程标准（实验稿）》中的一段话："语文是最重要的交际工具，是人类文化的重要组成部分。工具性与人文性的统一，是语文课程的基本特点。"说这段话"违背了逻辑的统一律：第一个复句中的两个分句的主语'语文'，内涵是不一致的。第一分句'语文是最重要的交际工具'，主语'语文'实为'语言'；第二分句'（语文）是人类文化的重要组成部分'，这一主语'语文'，应是既指'语言'（语言是文化的地质层）又指'言语'（言语符号编织的历史是人类的文明史），主要指的是'言语'"。[①]"不论工具性还是人文性，都没有揭示出语

[①]潘新和．语文：表现与存在[M]．福州：福建人民出版社，2017：121.

文和语文教育的言语生命特征。前者是以语言的一种性质来界定语文的特性，后者是以人文学科的共性来界定语文的个性，都是把语文视为人的‘身外之物’”。[①]

李海林认为工具论等观点缺乏严密的逻辑推理，经不起推敲。例如工具论的论证过程可以简化为—语文课程是关于语言的课程，语言是工具，因此语文课程具有工具性。“工具论必然导致二元论；二元论内在的理论上的矛盾必然导致本质论的取消。也就是说，工具论在理论内涵上并没有对语文课程性质作出本体归纳，它并没有对语文教学的本质特征作出真正的说明。这是理论对本体的迷失。”[②]

李维鼎的《语文言意论》对语文教学大纲中对语文课程性质的说法提出批判，认为语文教学大纲沿着工具—基本工具—基础工具—交际工具和负载文化的工具，走过了几乎半个世纪。因为“语文”这一名称的特定内涵（口头语言和书面语言）只指出其“工具性质”的一面，当然是不甚全面的，实际上也是混用了“语言文字”之“语文”与“口头语言和书面语言”之“语文”，其根子也是语言和言语的混用。至于有人利用大纲的这种提法断言大纲是在规定（或阐明）语文学科的性质，则显然是不怎么慎重的。[③]

（三）语文课程言语性的提出

虽然课程标准对语文课程性质进行了统一，但其他观点也层出

[①]潘新和．语文：表现与存在[M]．福州：福建人民出版社，2017：121-122.

[②]李海林．言语教学论[M]．上海：上海教育出版社，2006：148.

[③]李维鼎．语文言意论[M]．上海：上海教育出版社，2000：47.

不穷，最具代表性的是以潘新和、王荣生、李维鼎、李海林等人为代表的“语言功能教学观”。他们既反对以“技术主义”为主的语文教学，也反对回到混合式教学的老路上去。“语言专门化”的正确方向，又使语文教育摆脱知识化、技术化的困境，将语文教学向语言功能教学推进，从而在现代语文教育的两难选择中选择了第三条道路。李维鼎、李海林都对工具论进行了批判。李维鼎的观点是：“‘言语’的实质又是‘言’与‘意’的矛盾统一，那么，‘言’与‘意’的互转性乃是语文课的性质。”[①]李海林认为：“言语：语文内涵的科学表达。”[②]

潘新和在《语文：表现与存在》中提出，语文这门学科与其他学科的区别在于语言性。语文与其他学科的教学目标不同，语文是围绕语言作品开展的语言活动[③]。“语文工具论”把语言（语文）片面地作为应付生活的工具，这种“应付生活论”误把动因（外驱力）当作动机（内驱力），没有做到满足人主体的精神需要。

三、关于语文课程性质研究

语文课程性质问题实质上是关于语文教育的形式与内容两个方面对立和统一开展的，只是每段争论发生的时期、角度和文化背景各不相同。影响语文课程性质研究的因素有以下几个方面。

（一）语文课程自身的复杂性

[①]李维鼎. “语文课”就是“言语课”—再从语文学科的工具性说起[J]. 长沙水电师范学院学报，1994（1）：95.

[②]李海林. 言语教学论（第二版）[M]. 上海：上海教育出版社，2006：20.

[③]潘新和. 语文：表现与存在[M]. 福州：福建人民出版社，2017：34-36.

语文这门课程与其他学科相比较要复杂很多，有人认为这门课程没有自己的内容，只不过就是语言文字的听说读写，一些基础知识的传授；还有人认为语文这门学科的内容含量巨大，从大到小，万物都包括在内。不同的人对语文学科有不同的理解，这也反映了语文课程本身的复杂性。

首先，关于语文课程的性质问题是十分复杂的。语文作为我国的母语，本身具有特殊性。它是学习其他科目的基础，需要通过学习语言文字，获得一定的语言技能，才能够去学习其他知识。所以，对于语文的工具性不可否认，也是必须要坚持的。

其次，语文的学习不只是语言文字的训练，学生通过语文学习可以获得基础知识和一定语言能力，从而进行写作，自由地表达思想。文字所组成的作品，能够向人传递一定的精神品格，具有一定的人文精神。“工具性”与“人文性”都是语文学科具有的特性。语文课程本身所具有的复杂性，导致百年以来对形式、目的两方面的争论喋喋不休，在认识语文课程性质的过程中，出现不同的说法和观念。

（二）社会政治经济因素的影响

语文课程是在意识形态范畴之内的，必然受到社会政治制度和经济发展的影响。

语文课程是基础教育的核心课程，这门课程关乎着个体，也关乎着国家。个体的发展需要语文，国家的国民素质也需要语文，语文在国家主流意识和民族文化中发挥着巨大作用。不同时代的人们，由于受到各种局限，导致人们的认识水平和价值取向不同，有着时代的烙印。语文课的形式以及语文教材的编写、教学方法等，都超不出时代的背景，除了政治与文化之外，还有很多影响其发展的因素。教育部提出“全面提高学生语文素养”[①]的教育理念，语文教育也要做出相应的改变，不能够只是片面地追求“工具性”或是“人文性”，也不能机械地将两者糅合起来，这样是不能够适应新时代要求的。在不忽视基础知识和基本能力的情况下，还要重视学生知识能力、情感态度以及各种价值观的形成，要引导学生发自内心地去感悟文章的魅力，形成自己的见解，提升自我认识，培养全面发展的高素质的人才。

语文课程性质研究历史已有百余年，在进行新的研究时，必须审视历史和当前的相关研究成果。我国语文课程性质研究，不仅要进行当代研究，还要兼顾历史研究，在动态的历史过程中进行研究。从政策文本和具体研究成果上看，各个历史阶段，场域中的主导要素不同，在制定目的、培养要求方面，也有不同，因此在语文课程性质研究中，也要注意语文课程性质研究的经验性、工具性。

（三）认知水平的限制

现代教育所提倡的素质教育，核心是心理教育。心理学和语文教学的关系也是密切的。语文教学面对的是人，向学生传授的知识，都是需要个体的内因起作用。心理科学的发展对语文教学的水平有着重要影响。教育者要了解学生心理的形成发展规律，这样才能够知道如何开展教育教学工作，能够对教育改革提出正确的方向。

[①]教育部. 全日制义务教育语文课程标准（实验稿）[M]. 北京：北京师范大学出版社，2001：1.

例如，语文学科刚刚独立设科的时候，对语文课程性质的研究，是体现在教学目的和教学内容上的，后来才慢慢直接提出课程性质这一说法。而人的认知水平是随着时间和科学的发展慢慢提高的。接受的知识和经验，都会使人由一元认知思维向多元认知思维升级。语文课程性质经历了百年不同学者的思考与讨论，教学经验也随着时间丰富起来，精神世界丰富起来，所以在研究语文课程性质的过程中，会发生变化。

第二节　语文教学现实审视

语文教学是由“语文”和“教学”两个词语组成的，是关于语文的教学，其由四个方面的内容组成：听说读写。但按照新课改的要求，“听”和“说”变成了“口语交际”，另外加上“识字与写字”和“综合性学习”两个不同的内容。这样，关于语文的教学就由阅读、写作、口语交际、识字与写字和综合性学习五个方面的内容组成。本节只论述口语交际、阅读和写作三个方面的问题。

一、口语交际教学中存在的问题

（一）口语交际教学理论研究缺乏针对性

自“口语交际”的概念被提出以后，很多学者在理论上对口语交际教学进行了研究，取得了很多有价值的成果。然而，其与阅读和写作教学的理论研究相比，无论是研究成果的数量还是质量上，都与之相差甚远，不可同日而语。从政策性文件到理论研究，再到实践论证和理论总结，这一系列的环节没有形成良性的循环。具体表现如下。

第一，概念的表述很笼统，没有规定所听、所说的范畴或类型，听说能力没有具体的指称，在语文课程和教学中无法形成清晰的目标。教材中大部分所谓的“表达指导”实为空洞的教条，这使口语教学看上去只是换了一种名目而已，其内容还是“原封不动”。

第二，实际当中的“口语交际”教学被处理成“对外汉语”教学或“语文活动”，要么让学生操练一些简单的日常用语，比如对外汉语教学（汉语作为外语）；要么让学生模拟日常情境，重复一些平常都会说的话，这种教学方法很难构成真正的听说“学习”，也不能培养学生的口语交际能力。

口语交际教学的理论缺失，原因与有史以来“重文字轻语言”和“重读写轻听说”分不开。口语教学理论的缺乏又导致口语教学的盲目和无所适从。

口语交际教学历史的缺失导致了理论来源的缺乏，而理论成果需要广泛的实践经验做基础。缺乏基础性的理论指导顺利开展口语教学就存在现实的困难。[①]

2. 口语交际教学实践缺乏有效性

有很多研究者和一线教师做过相关的研究，得出口语交际教学基本上处于空白状态的结论。应试教育的影响使许多学校未能真正开展口语交际教学，致使学生口语交际能力未能得到有效的训练和锻炼。口语交际教学的实践缺失导致学生口语交际能力的薄弱。语文教育的开展在口语交际教学及其效果上形成了“倒三角形”状态。

[①]菅恩慧. 小学低段语文口语交际教学实施现状研究[D]. 镇江：江苏大学，2021.

小学生在课堂上有较强烈的口语交际兴趣和交际意愿，随着年龄的增长和受教育程度的增加稚气逐渐消失，那种一吐为快的欲望在不知不觉中悄然泯灭，到了高中阶段，学生越发不愿意在课堂上讲话。

造成这种现象的原因是多方面的，既有学生成长的心理原因，也有教育的失职因素在其中。随着年龄增长，人的思维创新能力逐渐从感性向理性过渡，必然导致个体在言语上变得“理性”，三思而后语，以降低“言多必失”的错误发生，这是从幼稚走向成熟的必然，也是社会进步的动因。对语文教育来说，高考不考、教学理论对教学缺乏指导性、操作困难和“费力不讨好”的现实、语文教师掌握的口语交际教学理论知识和教学方法的不足等因素，共同导致语文教师抛弃口语交际教学，更使口语交际教学的理论研究陷入缺乏现实依据和实践论证的困境。

二、阅读教学中存在的问题

反思阅读教学低效的历史性难题可以发现，教学目标超越化、教学内容模糊化、教学过程虚拟化等是阅读教学中存在的主要问题。

（一）教学目标超越需要

教学目标源于课程目标，是教学的出发点和归宿，从课程目标到教学目标，再到教学和评价，完成课程与教学的循环。实现这一过程需要满足如下条件：①课程目标科学性，即课程目标反映了教育本真。②课程目标现实性，即课程目标能转化为教学目标。③教学目标可操作性，即教学目标能科学地指导教学。④教学目标回归性，即教学目标能通过评价回归课程目标，从而实现课程与教学的良性循环。

在语文教育中，这四个条件基本处于相互独立的地位，从而体现为教学目标的超越化。语文教学目标超越化主要表现为形式和本质的对立，具体体现在四个方面：①教学目标高于课程目标。②教学目标脱离课程目标。③教学目标不能有效指导教学。④教学目标不能准确评估。前两个方面是针对课程目标向教学目标转化过程而言的，后两个方面是针对教学目标指导教学过程而言的，都体现了教学目标，超越于课程目标和教学过程。文选型语文教材的教学目标源于对每一篇文章的理解和分析，而理解和分析的个体性就必然导向教学目标的多样性、差异性和不确定性，继而导致了教学的多样性、差异性和不确定性，这样的教学也就与课程存在一定的距离。

（二）教学内容模糊不清

教学内容是教学过程中所运用的素材和信息的总和。从教的层面来说，语文教学内容指语文教师在教学中呈现的种种材料及传递的信息，既包括对现成教材的沿用，也包括对教材的“重构”处理、加工、改编乃至增删、更换。

“沿用”和“重构”是处理教材的两种方式，不仅体现了语文教师对教材的理解和把握，折射了教师的教材观、教学观，更是教育智慧的体现。这两种处理方式都蕴含了教学内容模糊化的因子。

面对文选型的语文教材，模糊不确定的教学内容显而易见。叶圣陶先生的名言“语文教材无非是例子”就暗含了这一点。作为“例子”的教材只是教学的载体或资料，教学面对的却是背后的教学内容。教学需要面对确定的教学内容，只有这样才能有的放矢。在这种矛盾的境遇中，语文教师被迫承担了将教材内容转化为教学内容的难题。尽管这种转化为教师发挥主观能动性创造了条件，但更为教学内容的模糊不确定性埋下了种子，致使语文课堂成了“自由驰骋”的跑马场。

语文学科名称也同样蕴含了教学内容模糊化的趋势。叶圣陶先生认为：“语文=语+文=口头语言+书面语言=语言广义。”对于这个解释，历来就有争议，“文”除了理解成“书面语言”外，更直观的解释还有“文字”“文章”“文学”和“文化”等，这些解释从根本上模糊了教学内容。从学科名称的模糊化开始延伸到教材的不确定，最后到教学的多样化，语文教学背后隐藏的逻辑基点就是教学内容的模糊化。面对模糊的教学内容，语文教学也就呈现了五花八门、杂乱无章的形式。

（三）教学过程背离生活

“工具性与人文性的统一”指出了语文课程的二重性：形式上的工具性和内容上的人文性。

作为“工具”存在的语文课程在形式上体现为语文的交际性，以此培养学生恰当运用语言交际的能力，力争交际的准确性和贴切性。准确性要求语言确定无误，不能歧义、多义。贴切性指交际主体能恰当地阐述思想并让对方接受。作为“人文”存在的语文课程在内容上体现出对人的终极诉求的关注和重视，不仅要重视教材所体现的人文关怀和价值诉求，更要重视每一个学生在教学过程中所体现的思维状况和思想境遇。

作为“人文”的语文不仅存在于内容上，也同样存在于形式上。但作为形式而存在的“人文”是所有教育的表现形式，并不是语文所独有的特质。脱离“人文”而存在的教育显然不能称之为教育。

三、习作教学中存在的问题

（一）忽视激发学生写作兴趣

兴趣是最好的老师。小学生对习作课感兴趣，那么课堂效率会更高。笔者通过对小学生在语文习作课上的观察发现，大部分学生并没有认真听教师讲课，对习作课不感兴趣。一方面教师在教学过程中更注重的是学生的写作技能。在习作课堂教学中，教师通常把作文模板教给小学生，学生按照同一个思路写作，这样不但限制了小学生的想象力，而且忽视了小学生习作兴趣的激发。另一方面小学生恐惧写作文。调查发现，大多数小学生认为习作是一件很难完成的作业。小学生的习作内容平淡无奇，没有新意，每次面对习作时，部分学生想尽方法应付了事，教师采用传统的教学模式很难激发小学生的习作兴趣。在这样的教学模式下，小学生的习作兴趣可以想见。

（二）习作教学与学生生活相脱离

小学语文教师应指导学生留心发现、认真观察，为习作积累丰富的写作素材，使学生摆脱不知道写什么的苦恼。但笔者在实习过程中发现，小学语文教师的习作教学与生活实际脱离。一方面教师在习作教学过程中按照传统的模式进行教学，要求学生背诵好词、好句、好段，忽视引导学生留心观察生活中的事情，使学生的习作脱离生活实际。另一方面小学习作中教师缺少培养小学生观察生活的习惯。小学生的习作要求并不高，大多数习作内容都与生活相关，所以小学生习作水平的高低与小学生观察生活的程度有很大关系。

但通过调查发现，小学生喜欢看的大都是漫画书，很少能从书上积累写作素材。课内也只是机械地背诵作文模板，写出的作文大都千篇一律，教师缺少培养小学生观察生活的习惯，造成习作教学与小学生生活脱离。

（三）“不会写、不愿写、不敢写”

教师的“不会教、随意教”也必然会在学生的习作过程中表现出来。首先就是学生“不会写”，因为“不会写”，但又“不得不写”，所以就显得无比痛苦，慢慢地，写作的兴趣也就日渐缺乏，最后演变成“不愿写”。当然，有一些学生，即使老师不教，他们的作文也是能够写好的，这就是吕叔湘先生所言：“少数语文水平较高的学生，你要问他的经验，异口同声说是得益于课外看书。”他们靠着自己的悟性在课外阅读中摸索出了一套行之有效的写作方法，当然这与语文教师关系不大。

在心理上学生普遍对写作怀有不同程度的畏惧心理。怕写作文，却又不得不写，这就会形成一个结果：胡编乱造。这在两个方面可以体现出来：思想内容上假大空；语言形式上干瘪贫乏，枯燥乏味。思想内容上的假大空和语言形式上的干瘪贫乏，枯燥乏味又进一步恶化了写作教学的实践，从而形成了一个恶性循环，导致写作教学效率低下，学生和教师都视写作为“洪水猛兽”，唯恐避之不及。

第二章　小学语文识字写字教学

第一节　识字写字教学概述

写字是一项重要的语文基本功。它和识字的关系非常密切，是巩固识字的手段。学生掌握学过的字，又能写得端正、整洁、行款整齐、有一定速度，不仅可以使他们在校期间能更好地完成各种作业，而且对他们今后的学习和工作也是大有裨益的。书法是我国的传统艺术。学生通过长期的写字训练，可以受到美的感染，陶冶高尚情趣，培养审美观念和一丝不苟、爱好整洁等良好习惯，有益于提高他们的文化素养。因此，一定要重视和加强写字教学。

一、识字写字教学的意义

（一）汉语拼音教学的意义

《汉语拼音方案》于 1957 年 11 月 1 日国务院全体会议第 60 次会议通过，于 1958 年 2 月 11 日第一届全国人民代表大会第五次会议正式批准，并在全国推行。从此，汉语拼音成为小学语文教学的一项重要内容。汉语拼音是帮助识字的工具。

汉字是表意文字，其音、形、义之间没有必然的联系，看见字形，很难准确读出字音。如果掌握了汉语拼音，就能借助拼音读出字音，还能区别多音字，纠正读错的字音，提高识字的质量和速度。学生在写话、习作时遇到不会写的汉字，可以利用拼音查字典，解决字形问题。实践证明：汉语拼音可以帮助读准字音，可以借助它查字典，是加快识字速度、培养独立识字能力，提高识字质量的有效工具。[①]

汉语拼音是帮助说好普通话的工具。语言是人类最重要的交际工具。我国幅员辽阔，各地方言差异很大，不同方言区的人们无法进行正常的交流，只有说好普通话，才能克服方言的障碍，达到互相交流的目的。而掌握了汉语拼音这个工具，就可以利用它来正音，克服方言影响，较快较好地学会标准的普通话，提高语言交际能力。只有熟练掌握汉语拼音，才能说好普通话。学习普通话是语文教学的重要任务之一。

总之，学好汉语拼音，有利于识字、阅读和学说普通话，有利于发展儿童的语言，发展思维。汉语拼音教学在整个小学语文教学中处于重要的基础地位。

（二）识字写字教学的意义

识字写字教学是小学语文教学的主要任务之一。识字写字教学对完成义务教育语文课程的目标和任务具有多方面的意义。

1. 识字写字是阅读、写作的基础

识字，写字是阅读和写作的基础，是培养语文综合素养的前提和保障，是学习和掌握文化科学知识的必要手段。毋庸置疑，学生不掌握一定数量的汉字，就无法阅读和写作。只有儿童学会了一定数量的汉字，并且牢固地掌握汉字的音、形、义后，才能阅读，才能运用所识汉字表情达意。因此，识字、写字是小学语文教学的首

[①]朱秀芳. 低学段识字写字教学研究[D]. 淮北：淮北师范大学，2021.

要任务。

2. 识字写字教学有助于发展学生的智力

汉字是表意文字，是音、形、义的统一体。在识字写字中，引导学生观察、分析、比较字形结构特点，字音的读音的差别，字义的不同用法，有利于发展学生的观察能力和思维能力；引导学生从汉字的音形义关系及汉字的构字规律巩固汉字的结果，有助于发展学生的记忆能力；引导学生掌握汉字的同音字、多义字和形近字的特点，有助于发展学生的发散思维能力。

3. 学生写字能促进智力的发展

有研究表明，写字具有对人脑的调节和滋育作用。汉字的形象特征，书法运作的信息直接在右脑进行处理，呈现右脑活动加强之势，有“书写激活效应”。汉字书写的这种“激活”，有助于改善大脑的关系。学生写字靠手指的触觉把握笔的运动，手与脑有一种天然的关系，手指的触觉灵敏度很高，管辖手指的神经中枢在大脑皮层，功能区域的面积很广，手指经常活动，能促进大脑发展，增强脑的活动能力。

4. 识字写字有利于学生的语言发展

儿童在学前阶段，已经基本掌握了口头语言；入学后，学习字、词，才可逐步实现从口头语言向书面语言的过渡，由会听、会说到既会听、会说且会读、会写，促进语言的全面发展，提高语言能力。

5. 识字写字教学有助于陶冶学生的审美情趣，培养对祖国语言文字的热爱之情。

汉字形体优美，结构讲求对称又富于变化，追求严整又不失灵活。笔画简单的字摆布均匀，显得落落大方；笔画烦琐的字结构紧凑，避免臃肿局促。汉字的形体结构，部件笔画体现着汉民族独特的审美情趣。在识字写字教学中，让学生了解有关汉字的知识和特点，认识和体会汉字的形体美，在潜移默化中初步培养具有符合本民族文化心理的审美情趣。从而产生热爱祖国语言文字的感情，产生主动认字、写字的兴趣和愿望。

总之，识字写字教学过程是学生认知能力的发展过程，离不开以思维为核心的智力活动，能有效促进学生的智力发展。

二、识字写字教学的新理念

（一）激发兴趣，培养热爱祖国语言文字的感情

语文教学应该激发学生的学习兴趣，要让学生对学习汉字有浓厚的兴趣。在各学段教学要求中从情感、态度、习惯等方面提出明确的目标。如一、二年级强调“喜欢学习汉字”“有主动识字的愿望”“养成正确的写字姿势和良好的写字习惯”；三、四年级进一步提出“对学习汉字有浓厚的兴趣，养成主动识字的习惯”；以后各年级继续培养识字的兴趣和主动识字的习惯。

兴趣是学习的动力。激发兴趣是启发思维、激活内因的手段。在识字写字教学中，激发学生兴趣要与培养学生热爱祖国语言文字的情感有机结合。热爱是种崇高的感情，对祖国语文的深沉的爱，是学好祖国语文的基本条件。我们祖国的语言，在世界上独树一帜，是东方文化的杰出代表，是世界上最丰富、表达最完整、最准确、最活泼的语言之一。要引导学生认识汉字的构字规律，结合生动有趣的识字方法，充分利用学生的好奇心，帮助学生在识字写字中培

养兴趣，激发情感。

（二）识写分开，低年级多认少写

所谓识写分开是指会认的字和会写的字，要求不同，要区别对待。对于会认的字，要求见其形读其音，即只要求认识，在课文中认识，在别的地方也认识。对于会写的字，不仅要会认、会写，还要懂得其意思，并要在口头和书面表达中学习运用。低年级学生少写一些汉字，可以腾出一些时间多认字，以便尽快地凭借汉字阅读。同时低年级学生手部肌肉不发达，少写一些汉字也更有利于小学生的正常发育和健康成长。

学生是识字的主体，是识字活动的当然主人。汉字是母语的书写符号，其与儿童的生活、成长同行。儿童对于汉字也与其对周围事物一样，抱有极大的好奇心，因此在识字教学中教师要善于诱导，热情鼓励，让汉字的习得活动融于儿童的生活与成长的过程，促使儿童走上自主识字的道路。

（三）注重教给识字方法，力求识用结合

汉字作为一种文化，作为母语的书面符号，渗透于社会生活的方方面面。在丰富多彩的现实生活中，汉字更是到处都有，随处可见。在识字教学中，教师要有强烈的资源意识，去努力开发、积极利用，引导学生充分利用教科书以外的学习资源，课堂以外的学习渠道，综合运用各种识字方法，在生活实践活动中自主识字。引导学生走开放的识字之路，一是要注重培养学生良好的识字习惯，形成良好的识字定势；二是要教给学生识字方法，培养独立的识字能力。

在识字教学中，要将儿童熟识的语言因素作为主要材料，同时充分利用儿童的生活经验，运用多种形象直观的教学手段，创设丰富多彩的教学情境。写字教学要重视对学生写字姿势的指导，引导学生掌握基本的书写技能，养成良好的书写习惯。由此可见，识字写字教学不仅要培养学生的识字能力，还要培养学生良好的书写习惯。这就要求教师在教学中要帮助学生牢固地掌握识字的工具：汉语拼音，笔画笔顺，偏旁部首，间架结构，学会查字典等，并引导学生积极发现总结识字的方法，掌握识字的规律，提高自主识字的能力。而汉字是表意文字，具有理据性。一个字有几笔、由什么偏旁构成，不是古人无意的和随意的行为，而是有其内在的道理或根据，这就是汉字内部结构的理据性。我们应抓住大部分汉字能够解析字理特点，通过字理分析，从汉字形与义、音的关系为切入点，帮助学生建立音、形、义内在的联系，以提高识字教学效率。

第二节　识字写字教学目标

一、总目标

学会汉语拼音。能说普通话。认识3500个左右常用汉字。能正确工整地书写汉字，并有一定的速度。

二、阶段目标

（一）第一学段（1～2年级）

喜欢学习汉字，有主动识字的愿望。

认识常用汉字1600～1800个，其中800～1000个会写。

掌握汉字的基本笔画和常用的偏旁部首，能按笔顺规则用硬笔写字，注意间架结构。初步感受汉字形体美。

养成正确的写字姿势和良好的写字习惯，书写规范、端正、整洁。

学会汉语拼音。能读准声母、韵母、声调和整体认读音节。能准确地拼读音节，正确书写声母、韵母和音节。认识大写字母，熟记《汉语拼音字母表》。

能借助汉语拼音认读汉字。能用音序和部首检字法查字典，学习独立识字。

（二）第二学段（3～4 年级）

初步的独立识字能力。

累计认识常用汉字 2500 个，其中 2000 个左右会写。

会使用字典、词典，书写规范、端正、整洁。用毛笔临摹正楷字帖。

能使用硬笔熟练地书写正楷字，做到规范，对学习汉字有浓厚的兴趣，养成主动识字的习惯。

有条件的地方，可学习使用键盘输入汉字。

（三）第三学段（5～6 年级）

有较强的独立识字能力。累计认识常用汉字 3000 个，其中 2500 个左右会写。

硬笔书写楷书，行款整齐，有一定的速度。

能用毛笔书写楷书，在书写中体会汉字的优美。

（四）第四学段（7～9 年级）

能熟练地使用字典、词典独立识字，会用多种检字方法。累计认识常用汉字3500个，其中3000个左右会写。

在使用硬笔熟练地书写正楷字的基础上，学写规范、通行的行楷字，提高书写的速度。

临摹名家书法，体会书法的审美价值。

阶段目标包含四个方面：一是情感目标。注重激发学生识字写字的兴趣，培养良好的习惯，培养热爱汉字的感情。二是数量目标。对识写汉字有明确的数量要求。三是质量目标。会认的字，要求见其形读其音。会写的字要求读准字音，认清字形，了解字义，在口头和书面表达中学会运用。四是能力目标。[①]

识字能力主要表现在：掌握汉语拼音，能凭借汉语拼音读准字音，并能根据语言环境读准多音字、儿化音、轻声、变调；会分析字形，能够掌握字形结构；会用字典词典等工具书识字；掌握音序查字典和部首查字典的方法；会看注释，结合上下文选择字义；能掌握汉字的基本特点和识字规律，运用不同的识字方法记忆字形；具有区别同音字、近音字的能力。识字能力的核心目标是培养学生独立识字能力。

写字能力主要表现在能用硬笔熟练地书写楷字，且有一定的速度；用毛笔临临摹正楷字帖，能用毛笔书写楷书。

[①]胡冰茹，周彩虹．小学语文课程教学与设计[M]．苏州：苏州大学出版社，2020.

第三节　识字写字教学方法

汉语拼音是小学语文教学的重要内容，是帮助学生识字、阅读和学习普通话的有效工具。因此，小学语文必须重视拼音教学，充分发挥汉语拼音的作用，帮助学生识字、阅读、学习普通话。

一、汉语拼音教学

（一）汉语拼音教学的内容和要求

汉语拼音教学的内容和要求包括：学会 23 个声母、24 个韵母、16 个整体认读音节，能够读准音、认清形、正确书写。

会认读四声。在普通话里，声调是音节的构成成分之一，指音节中具有区别意义作用的音高变化。如同志、统治、通知就是靠声调来区别意义的。普通话的声调有四种基本调值，按照传统习惯，称为阴平、阳平、上声、去声四种调类，统称四声。具体来说，小学声调教学要达到以下要求：①了解每个音节都带有声调，并且能够把握要领“一声平，二声扬，三声拐弯再向上，四声快快往下降”，掌握四声的正确读法，可以用手势帮助记忆。②能够认清四声的书写形式，即声调符号，并懂得声调符号一般都要标在韵母的主要元音上。③会念轻声音节，知道轻声音节不标调号。轻声是一种音变现象，其发音特点是“又轻又短”。一般来说，轻声音节的声母、韵母是听得比较清楚的，只是声调的调值不太清楚，要受前一个音节的调值影响。对小学生来说，轻声的发音是难点之一，要多让他们模仿。

学会拼音方法，能准确地拼读音节。拼音就是把声母和韵母快速地连起来，读成一个音节。根据音节组成的情况以及小学汉语拼音教学的特点，主要采用以下两种拼音方法：①两拼法。即声母、韵母直接相拼的方法。教学中要求学生掌握“前音轻短后音重，两音相拼猛一碰”的发音要领。②三拼法。即声母、介母和韵母快速连读的方法，又叫三拼连读法。教学中要求学生掌握“声轻介快韵母亮，三音连读很顺当”的发音要领，要强调连读时把三部分由慢到快读成一个音节，气流不中断。

能正确书写声母、韵母和音节。具体包括以下几点：教学生弄清楚字母在四线格中“主体在中格，要占满格，而上下格中都不占满格”的书写规律；让学生掌握每个字母的笔顺。

认识大写字母，熟记《汉语拼音字母表》。要求能够认清 26 个字母的形体，能用名称音准确、熟练地认读《汉语拼音字母表》。

能够熟练地用音序检字法查字典。

认识隔音符号。让学生认识并能正确使用隔音符号。

（二）汉语拼音教学的方法

经过半个多世纪的汉语拼音教学的实践，人们总结出汉语拼音教学中的许多有效方法。简而言之，可用“看”“听”“读”“写”“用”五个字来概括：“看”是认识汉语拼音的前提，一是观察老师发音时的口型、舌位，体会发音方法；二是观察字母的笔画结构，掌握字母的写法。“听”是学好汉语拼音的基础，多听老师发音或听录音，掌握标准的发音。“读”是掌握汉语拼音的关键，只有多读、熟读，才能将所学的知识化为自己的知识。“写”是运用汉语拼音的保证能起到巩固知识的作用。“用”是汉语拼音教学的最终目的。[①]

1. 示范观察模仿法

教师发音示范，让学生仔细观察口形、舌位，体会发音方法。如发 o 的音时，指导学生观察嘴唇收拢成圆形，舌头后缩，舌根升高，让气流从嘴里自然发出。发 e 的音时，让学生把嘴稍微张开，成扁平形，嘴角向两边咧，舌头位置和发 o 时一样，只是嘴唇不圆。

2. 比较法

把两个（或两组）以上声母或者韵母放在一起，比较其发音或形体的异同。便于帮助学生掌握规律，读准字音，记住字形。例如 b、d、p、q 是形体上容易混淆的一组声母，教学时把它们放在一起比较，再与歌诀“b、p、d、q 四兄弟，它们长得真稀奇；b 大哥是大肚皮，反过来是 d 弟弟；二哥 p 的右脑大，左脑大的就是 q”配合，就能收到很好的教学效果。再如将 in、ing 和 en、eng 进行比较，认识前鼻韵母和后鼻韵母的区别，有利于学生辨析其发音和记住形体。

3. 直观演示法

这是利用学生熟悉的语词发音记形。学生在入学前对有些事物已有一般性认识，并建立了相关概念。在教学中，教师出示图画，引导学生观察图画，并引导学生用自己熟悉的语词说出图画中内容，学生在观察和说的过程中自然地发其音，记其形。

4. 游戏法

[①] 肖向民. 浅谈小学语文汉语拼音的教学方法[J]. 天津教育，2022（21）：87-89.

游戏法是拼音教学中常见的方法。如教学单韵母ü时，让学生把自己的头当成“u”，把小拳头当成“ü”上两点，举在头上，边读边做，既学会了发音，又掌握了二者形体上的差别。再如教学复韵母、鼻韵母时运用“找朋友”的游戏方法，小学生会十分感兴趣。

5. 电教辅助法

利用现代化教学媒体形象地展示图文，播放录音、录像，可以激发学生的学习兴趣，帮助学生发音和记形，提高拼音教学的效果。

6. 歌诀法

儿童学习拼音，往往会感到枯燥乏味。生动形象的儿歌，顺口溜能激发兴趣，调动学习拼音的积极性，帮助学生快速认识和记忆拼音字母，学会拼音方法。如，爸爸带我爬山坡（p），爬上山坡看大佛（f），看到大佛不要摸（m），爸爸叫我听广播（b）；圆圆脸蛋羊角辫，张大嘴巴 a、a、a；太阳出来红彤彤，公鸡一叫 o、o、o；清清池塘一只鹅，水中倒影 e、e、e。

二、识字教学

汉字是音形、义有机统一体。学生学习汉字，要求读准字音，认清字形，了解字义。从这个角度来看，识字教学包括字音教学、字形教学、字义教学。从教材的编排体例上看，识字教学还应包括归类识字和随课文识字。

（一）字音教学

字音教学是学生识字的基础。识字教学的重点是指导学生读准字音。汉字是表意文字，其读音和形体之间没有必然的联系，字的形体不能把读音直接标示出来。即使是形声字，也不像拼音文字那样，把读音标示得很清楚。这就要求教师教会学生熟练地掌握汉语拼音，并恰当地利用汉字字音上的一些特点进行教学，引导他们仔细分辨同音字和多音字，提高识字效果。字音教学的常用方法有以下几种。

借助拼音学字音。在识字教学阶段，教师一定要先指导学生牢固掌握汉语拼音，然后借助汉语拼音学习生字的读音，帮助学生读准字音。在学习了大写字母以后，还要训练学生在自学中查字典，利用字典的注音读准字音，培养自学能力。

帮助识字是教学汉语拼音的目的之一。现行小学语文教材的编排体例一般是把汉语拼音安排在一年级的开学初期，同时利用拼音学习简单的词语，读儿歌，读韵文。

形声字利用声旁学字音。形声字是指由表示字义的偏旁和表示字音的偏旁组成的字。形声字的出现为解决汉字字音问题带来了方便。在常用汉字中，形声字占85%左右。有些形声字的读音跟其声旁作为独体字时读音相同，教学时，可以先让学生读准作为声旁的独体字，然后再学形声字。如先学“朱”，再教“株”，启发学生懂得右边的“朱”表音。但是，由于古今读音的演变以及方言等因素的影响，声旁的表音功能不强，像“胡—湖、争—诤、久—灸”这样完全可以按声旁确定合体字读音的形声字　很少。大约有四分之三的形声字声旁和形旁的读音不完全相同。若形声字与声旁读音完全相同（同音字），读准了声旁就读准了字音。若不完全相同，则要进行声旁与形声字字音的比较，弄清究竟什么地方不同，以便读准字音。如：思—腮（韵母不同），青—静（声母不同），青—请

（声调不同），带—滞（声母、韵母不同），舀—稻（声母、声调不同），令—邻（韵母、声调不同），非—排（声母、韵母、声调都不同）。

同音字、音近字用比较法学字音。在汉语中，有很多读音相同的字，我们称之为同音字。同音字有音同形异和音同形近两种。音同形异的如“山、姗、衫”等字都读 shān，但是它们的字形和字义都不同。如果乱用同音字，就会出现错别字，影响表情达意。教学这类同音字时，要结合词句，着重从字义和字形上比较，说明各有各的用法。音同形近的如“仗”和“杖”“情”和“晴”等，学生更容易混淆。教学这类同音字时，要根据形声字形旁表义、声旁表音的构字特点，以熟字带生字，分别组词理解字义，着重分析字形中不同的地方。此外，还可以采用组词、选字填空、编歌诀等训练形式，把同音字放到一定的语言环境中去辨别。如“刻苦学习下苦功，克服困难攀高峰”。

还有很多读音相近的字，我们称之为音近字。其中有的是形声字，如：正—整，王—汪；有的是形近字，如：戊、戌、成；有的字形完全不同，如：张、掌、脏、葬等。教学音近字时，要引导学生找出它们在字音上的差别，结合字形、字义学习字音，并放到词语、句子中多读多练。

多音字根据词义和语境确定字音。一个字有几种读音，我们就称之为多音字。现代汉语中大量多音字的存在给字音教学带来了不少麻烦。不过其中大多数都是多音多义字，可以根据字义来分辨字音，也就是说把它们放到具体的语言环境中据词按义定音。如：你这招（zhāo）真绝，让他干着（zháo）急，又无法着（zhuó）手应对，心里老是悬着（zhe）。

此外，字音教学还要注意强调按普通话语音读准字音，不断排除地方音的干扰。

（二）字形教学

汉字的数量以“万”为单位来计算，每个汉字都有自己独特的形体，各不相同。有些字的形体十分相似，读音和意义却完全不同，如“末”与“未”。还有些字笔画繁多，不容易记住它们的字形。从这些方面来看，字形教学是学生识字的难点。教师必须根据汉字的构字规律和学生掌握字形的心理特点，进行字形教学，使学生能清楚地辨认所学的字，从中培养学生的分析综合能力、比较辨别能力和理解记忆能力。

用笔画部件分析法记字形。汉字尽管形体各异，但是总离不开近三十种基本笔画，百余个偏旁部首，八条笔顺规则，七种基本结构。汉字的形体结构靠笔画作为区别标志。可以说，笔画是构成汉字的基本材料。以基本笔画构成的独体字，以及由独体字演变而来的偏旁，则是构成合体字的主要部件。现行小学语文教材的编排特点是先学独体字，再学合体字。开始教学简单独体字的时候，一般都用按笔顺分析笔画的方法识记字形。如：乃、皮、九、山、出等字。教学合体字或者结构比较复杂的独体字的时候，往往要用分析部件或者分析笔画与分析部件相结合的方法来学习字形。如：“岁”由“山”和“夕”构成。

汉字字形的繁简难易不同，在教学中要注意突破难点。笔画比较多的字，往往字形结构复杂，学生不容易记住。此外，在无意状态下，学生对一个字产生知觉时，对熟悉的那一部分成为强成分，生疏的部分成为弱成分，而强成分往往掩盖弱成分，使学生对弱的成分感知模糊，重现时就容易产生错误。如学了“候”以后，再学“猴”时常常多加一竖。因此，在字形教学中，要根据字形的不同特点和难易程度，以及学生的认知心理来确定教学的重点和难点，并且要指导学生去仔细观察，突破难点。

利用造字规律记字形。汉字有象形、指事、会意、形声等几种造字方法，用这几种方法造的字分别叫作象形字、指事字、会意字和形声字。教学时，可以根据汉字的构字规律和学生的心理特点，激发学生的想象，把无意识记变成有意识记，增加识字的趣味性。如象形字“日”“月”“舟”“水”“火”“石”等可以结合看图，告诉学生这几个字是怎么来的。“刃”“本”“末”等字，可以运用指事字的构字规律来分析字形。“森”“众”“看”“明”“笔”等字，可以运用会意字的构字规律来分析字形。“闻”“霖”“河”等形声字可以启发学生分析形旁，从义辨形。

利用儿歌、字谜记字形。读儿歌、猜字谜是低年级学生比较感兴趣的活动。老师可以根据汉字字形特点，采用适合儿童情趣和理解水平的联想方法，编成歌诀让学生读，或者编成字谜让学生猜，使学生对字形产生直观形象，从而提高记忆字形的准确性。如“渴”与“喝”容易混淆，可以让学生读歌诀“渴了要喝水，喝水要张嘴”，以区分它们的偏旁。“左”和“右”也容易混淆，可以这样记：“小朋友，分左右；‘左’字下边是个‘工’‘右’字下边是个‘口’。”

又如“夜”字容易写错，可用歌诀帮助学生记忆：“一点一横长，左下单人旁；右下有个夕，再加一捺要拉长。”

运用比较法记形近字。有些汉字在形体上只有细微的差别，我们称之为形近字。如“人”“入”“八”、“土”“士”、“鸟”“乌”、“候”“侯”等。随着学生识字量的增加，形近字不断出现。小学生观察事物不精细，对相似的事物难以区分。在识字和写字时，常常由于字形相近而张冠李戴。经常出现“未”“末”不分，“崇”“祟”难辨，“折”“拆”乱用，“敞”“敝”混淆等现象。

为了防止学生写别字，就必须帮助他们辨析形近字，在教学字的音、形、义的过程中，突出比较差别细微的部分。

有的教师在指导比较形近字时，根据学生知觉选择性的规律，用彩色粉笔标出容易混淆或忽略的部分，增强知觉的明晰性。这样有利于提高学生精细辨认和识记字形的能力。

（三）字义教学

字义教学是识字教学的核心。正确地理解字义是发展学生语言、培养读写能力的起点。在教学中，教师要根据汉字字义方面的特点，联系学生已有的知识经验，运用多种教学方法，启发学生领会字词的意思和用法。

直观演示法。汉字是记录汉语的书写符号系统。既然是一种“符号系统”，必然有它的抽象性。识字教学的主要对象是学龄初期的儿童。心理学的研究表明：这一年龄段的孩子的共同心理特征是：喜欢接触形象的、具体的、有趣的东西；他们的思维特点是以具体形象思维为主。因此，在字义教学中，教师要充分采用直观形象的方法，让抽象的文字符号与学生看得见、摸得着、听得到的具体对象联系起来，让学生的眼、耳、鼻、舌等感觉器官都参与获得新知识的实践，从而获得清晰、明确的概念。

现代多媒体技术具有直观的教学功效，能把久远、陌生、抽象的事物变得形象、生动，给学生以新奇、醒目的感官刺激，使学生对学习内容产生积极的注意倾向，并激发持久高涨的学习情绪。一年级《识字 2》“动物儿歌”教学时，可以用多媒体将蜻蜓、蚂蚁、蜘蛛、小朋友一起玩捉迷藏等画面展现出来，以增强直观性、形象性，帮助学生读准字音，认清字形，理解字义。

苏霍姆林斯基说过：“只有当识字对儿童来说变成一种鲜明的激动人心的生活情景，里面充满了活生生的形象、声音、旋律的时候，读写结合过程才能变得比较轻松。”生活是语文的内容，语文是生活的工具。那么，怎样将识字与生活联系起来呢？首先，要利用学生生活中的有利条件，形成识字的敏感性和浓厚兴趣。比如：大街上的招牌、广告，商场里的商品名称，校园里的校训、小学生守则、同学姓名、课程表、墙报、宣传栏，家庭中的电视、电脑，食品、玩具的包装等，都是学生识字的教材。其次是让学生阅读一些适宜的课外读物，让孩子走进一个无声而精彩的世界，只有当学生从阅读中尝到识字的乐趣，他才会更加主动地识字，并使阅读成为自己精神生活中不可缺少的一部分。

如下面的识字教学片段：

（出示生字：万、翔、鸽、城、美）

师：都认识这些字吗？

生：老师，“万”和“城”认识，暑假，爸爸带我去过“万里长城”。

师：收获真大！

生：我叫李翔。“翔”是飞翔的意思，爸爸给我起这个名字，希望我像雄鹰一样在天空中飞翔，“翔”字我会写了。

师：“翔”字你很熟悉。当回老师，带领大家读一读，好吗？

生：我爷爷养了好多鸽子，可我不会写“鸽”。今天，我知道了它左边是“合”，右边是“鸟”。

师：太棒了！请把你记忆生字的方法再跟大家说一遍。

生：我妈妈叫王美丽。爸爸爱跟妈妈逗笑：一朵鲜花戴头上，王家大妞真漂亮。这就是“美”，美丽的意思。

师：多么形象的顺口溜！

生：老师，我想请您猜个字谜——一只大羊没尾巴。

师：（沉思片刻）呀！把我给难住了，大家讨论讨论，帮帮我好吗？

生：是“美”。

师：全体起立，掌声感谢他们两个，是他们让我们愉快地认识了“美”，记住了“美”。

……

在这个教学片段中，教师充分利用儿童的生活经验，抓住小学生喜欢表现自己的心理特点，发挥学生的主体性，在不知不觉中给学生创设了一个展示自己学习成果的平台，让学生在全班同学面前展示自己在生活中识字的成果，“老师，我想请您猜个字谜”，学生多么自豪啊！再加上老师极富鼓动性的评价语言："收获真大！""当回老师，带领大家读一读，好吗？""太棒了！请把你记忆生字的方法再跟大家说一遍。""多么形象的顺口溜！""全体起立，掌声……"结合自己的生活经验识字，能享受如此"殊荣"，哪个学生不会暗自下决心：下次看我的！可见，联系学生生活自主识字，既能激发学生自主识字的兴趣，又能培养学生的识字能力。

联系语境法。联系语言环境来理解字词，是随文识字理解字义常用的方法，即"字不离词，词不离句，句不离篇"。如："方"字在"地方""平方""方向""方法""偏方"等词语中的意思就有很大差别，必须分别对待。又如"更""又""也""还""却"等意义抽象的字，只有把它们放到具体语言环境中，引导学生联系上下文，才能弄懂它们的意思。

构字规律法。布鲁纳说过："学习的最大兴趣，乃是对学习材料的兴趣。"汉字是世界上公认的最古老，最有生命力和发展前景的文字之一，关于它的故事、趣闻等数不胜数。它集音、形、义于一体，又有着发展思维、开发智力等优势，这是拼音文字所不能企及的。因此，在教学中，我们可以利用象形文字的直观性，让学生展开想象的翅膀，作栩栩如生地描绘；利用指事字的提示性作画龙点睛的评点；利用会意字的巧妙的形义联系作富有情趣的解说；利用形声字形旁的表意性举一反三。

如教学"日月、火、木、竹、鸟"等象形字时，可以先出示相关的图画或实物，再出示象形符号，让学生思考这些"符号"和实物之间的联系，说一说，画一画，写一写，这样便于学生了解每一笔所表示的意义。

对于会意字“林、森、从、众、品、磊”等的教学，教师只需略做引导，学生就能立刻明白，该字的读音、字义以及部件表示的含义。教学“清、晴、睛、情、请”时，可以让学生在比较中学到一种新的识字方法—利用形声造字法识字，同时弄清楚这几个字的形旁的表意功能。这时学生就会发现难学难记的方块汉字原来是一个个饶有趣味的书写符号，进而会产生学习兴趣。

（四）归类识字

归类识字是突出字形或字义特点的集中识字形式。

突出字形特点的归类识字，象形、会意归类识字。象形字归类教材往往有图—象形字—楷体字。既有形象，又了解了汉字的起源。会意字常用“三字经”如“日月明，鱼羊鲜，小土尘”等形式出现，这种方法能见形知义，有利于理解字义，建立音、形、义之间的联系。教学时，要引导学生探究字理，掌握特点。

形声字归类识字。这种形式的归类识字，是利用形声字形旁表义、声旁表音的特点加以归类。教学时，可利用形旁理解字义，利用声旁记住字音，并注意区分基本字与声旁读音的异同。形声字归类识字又有基本字带字、形声字带字、形声字比较识字等多种类型。形近字比较识字。将字形相近的字归类，如“乌—鸟，广—厂”。教学时从区别字形的异同入手，引导学生注意区分汉字的细微区别，减少错别字。

以字义为主线的归类识字。这是从字义的理解入手识记汉字，通过理解汉字的意义，将字义与字音、字形紧密联系的集中识字形式。有以下几种基本形式。

韵语（文）识字。这种识字形式吸收了传统的启蒙识字课本以韵语排字的经验，将有一定意义联系的词组成短语构成押韵合辙的韵语（或文）形式进行集中识字。如：“看图韵文识字”（蓝天、大雁、秋霜/棉花、稻子、高粱/柿子、苹果、丰收/桂花、菊花、飘香）。这类归类识字，重点要教学字形，同时要在帮助学生理解字（词）义的基础上，将韵文熟读成诵，丰富语言积累，感受语言美。

按事物的类别归类识字。如按“节气”“姓氏”“鸟类”“反义词”等归类识字。这类归类识字，字形教学是重点，引导学生利用多种识字方法识记字形。

（五）随课文分散识字

随课文分散识字是以应用为线索展开识字教学，把生字分散在各篇课文中，结合词句，通过语境，寓识字于阅读之中的一种识字教学形式。这种形式的识字，往往字不离词，词不离句，句不离文，边阅读边识字，识字和阅读紧密结合。

随课文分散识字的教学一般有三种方式：一是边读课文边识字，这种形式适用于生字较少、课文篇幅较短的课文；二是先识字后读课文，这种形式适用于生字较多、篇幅较长的课文；三是两者结合，即把一部分生字先提出来教学，在讲读课文的过程中再学另一部分字。随课文分散识字要依据课文内容和生字的特点，灵活安排音、形、义的教学。如那些成为学生阅读课文障碍的字词，其意思通过上下文也难以理解的字词或文章的关键词，可以在阅读的初读阶段读准字音，理解字义、记忆字形。而那些与上下文联系紧密的字词，字音、字形的教学安排可较为灵活，字义的教学则可安排在阅读理解课文内容的过程中指导学生理解。总之，随课文分散识字应该因文而异，根据生字的多少、课文的特点，采取不同的方式灵活安排，并且处理好识字和阅读的关系，力求相辅相成。

三、写字教学

（一）铅笔字的教学

铅笔是初学写字使用比较方便的一种文具，因此低年级学生使用铅笔练习写字。学生开始练习写铅笔字时，教师要细致、科学地指导，教给他们写字的基本知识和方法，逐步落实写字的各项基本要求，为学生今后练习写钢笔字和毛笔字打好基础。

1. 教学生正确的写字姿势

写字训练起步早，从入学教育课开始，就要结合课本中写字姿势图，边示范边指导，教会学生正确的写字姿势。

坐的姿势。写字时头要正，稍向前倾，肩要平，腰要直。要坐在椅子中间，胸部离课桌约一拳，两脚平放在地上。本子要放正，眼睛和本子要保持一尺左右的距离。两臂平放在桌子上，左手按纸，右手握笔。

执笔的方法。用右手拇指和食指握住笔杆下端，距离笔尖约一寸，同时用中指在内侧面抵住笔杆，无名指和小指支住中指。笔杆要握得不紧不松。笔杆上端稍向右偏，紧贴虎口，与纸面约成45°倾斜。

教师不仅要讲明正确姿势对写字、对学习、对身体的好处，而且要经常检查纠正写字姿势，促使学生养成良好的习惯。

2. 教给学生运笔的方法

铅笔字的笔画平直，变化不大，因此在书写时运笔方法比较简单。一般在起笔、转折、提、钩时稍重，稍慢；在行笔过程中用力均匀，速度适当；在写撇、提、钩的收笔和写其他尖状笔画时，要稍轻、稍快。有教师对铅笔字基本笔画的运笔要点做了这样的概括："横要平，竖要直，提撇要尖，捺有脚，折有角就得顿，小小点要写好，落笔轻轻收笔重。"

3. 教学生学会使用四线格和田字格

低年级学生空间知觉能力差，初学写字时，不知道从哪里下笔，写出来的字不是东倒西歪，就是顶天立地。采用四线格练写拼音，用田字格练写铅笔字，可以逐步提高学生空间知觉的精确度，帮助他们掌握好笔画的位置和字的间架结构。

在指导学生用四线格作业本练写汉语拼音时，先让学生掌握字母在四线格中"主体在中格，要占满格，而上下格中都不占满格"的书写规律；再让学生掌握每个字母的笔顺。

在指导学生用田字格作业本练写铅笔字时，先写好基本笔画和独体字。在学生进行书写练习时，教师要把起笔的部位和笔画名称，以及每一笔在田字格中的位置，认真地教给学生，再通过临写生字，让学生掌握在田字格中写好字的要领。开始时，可以让学生看一笔写一笔，再逐步要求看一个部件写一个部件，直到看一个字写一个字。在学生有了一定写字能力以后，要求学生离开田字格，在方格中把握生字笔画之间和各部分之间的联系，把字写端正。

4. 指导学生掌握汉字的笔顺规则和间架结构

学会和掌握七种笔顺规则，不仅可以把字写得规范，而且可以使笔画之间搭配合理，有利于提高书写速度。学生初学写字时，教师可以先让学生书空，掌握了正确的笔顺后再练习写字。学生练习的次数多了，自己能说出字的笔顺，就不必字字书空了。在低年级写字教学中，遇到笔顺容易写错的字，教师必须加以指导。

有的学生写的字笔画不错，但是东倒西歪，松散无力，其主要原因是这些字在田字格中的位置没有安排好，笔画与笔画也没搭配好。因此，在写字教学中，要十分重视间架结构的教学。要指导学生认真观察田字格中每个字的结构和每个部件所占位置的大小，把握生字笔画之间和各部分之间的联系，照顾上、下、左、右，找到笔画安排的位置。遇到结构特殊或笔画特别多或特别少的字，要重点分析、讲解，指导学生把字写好。

（二）钢笔字的教学

小学生从三年级开始练习写钢笔字。钢笔和铅笔都属于硬笔，在书写方法上有许多相同的地方。所以在铅笔字教学部分讲的基本知识、要求和方法，对指导学生写钢笔字也是适用的。

1. 教给学生执笔和运笔的方法

学生开始练写钢笔字时，教师可简单介绍钢笔的构造和笔尖的性能，让学生了解钢笔的特点；要教给学生正确的执笔和使用、保管钢笔的方法；要指导学生掌握笔尖的方向，不能侧着写或反过来写，也不能像写铅笔字那样，一边写一边转动笔杆。

钢笔由于受笔尖的限制，能写较小的字。所以运笔主要靠手指和手腕的力量。在书写时，用指力较多，而且要根据所写笔画的粗细长短来调整手腕的力度。写较细的笔画时，手腕适当松弛一些，用力适当小一些。

指导学生用钢笔写字时，要通过示范、讲解，使他们知道指力和腕力协调运用，写字才能得心应手。针对学生对上中下结构的字易写长，左中右结构的字易写扁，字形偏斜的字易写正等毛病，要着重指导，教给方法：一是上中下结构看左右，横笔拉长，竖笔写短。二是左中右结构看上下，横笔短，竖笔稍长。三是字形偏斜抓重心，即不要把字扶正，而要重心稳妥。

如“方”字偏重于右边，将下钩对准上点部位钩出，保持重心平衡。四是独体字看主笔，即把独体字中起决定作用的笔画写好，如“朱”字的竖钩。五是包围结构看关系。即看包围与被包围部分之间的关系，被包围部分适当向里框靠拢，包而不死。

2. 适时提出书写速度和行款的要求

四年级学生写字已从方格本转换成横线格的练习本，并且书写已有一定的速度。因此，教师除了继续要求学生写字笔画认真、笔顺正确、间架结构合乎要求外，还要做到字的大小均匀，行款整齐，布局合理，使整页纸的字写得匀称、自然、美观。

3. 指导写钢笔行楷字

中、高年级学生写字较多，容易出现写字潦草、马虎的现象。教师就要教学生学写行楷字，提高书写速度。首先要向学生介绍行楷字与楷书的联系和区别。楷书是行楷的基础，行楷的基本笔画与楷书相同，结构上基本保持楷书的框架。楷书如果笔画出现一些用笔的萦带（即笔画之间出现人为的连接），体势稍微放纵，就成行楷字了。行楷字要受楷书用笔结字（即由笔画恰当地组合成字）的限制，不能放任无度。这是行楷与楷书的联系。它们之间的区别是：楷书笔画之间各自独立，相互呼应，惯性含蓄；行楷则笔画出现勾挑，用牵丝来萦带。为保持书写速度，行楷对不影响辨认的笔画进行了简化、省略。为了书写方便，改变了某些楷书的书写顺序。在书法作品中行楷字比楷书的视觉效果更为生动活泼。字形大小变化较大，参差错落，上下连贯，收放和谐。

其次要记住一些常用部首与有代表性的字的写法。对一些常用部首，教师可编印出楷书、行书部首对照表，供学生观察、分析、练习、记忆。

再次是指导学生临帖。学习钢笔行楷，除学习教材外，还应选好字帖进行临摹。教师应引导学生选择书写正确、规范的简化字帖为范本，以培养正确的书写习惯，不潦草，不随便减省笔画，伸缩合理。

此外，要注意学生养成认真写字和一丝不苟的好习惯。还要教给学生保管钢笔的正确方法。比如为了避免笔尖受损不写字时一定要套上笔帽等。

（三）毛笔字的教学

中国书法艺术源远流长，影响深远，是中华民族优秀传统文化艺术中一颗璀璨的明珠。为了使少年儿童从小热爱书法艺术，用毛笔把汉字写得正确、端正、美观、熟练。根据小学语文课程要求，5～6 年级学生“能用毛笔临帖正楷字帖，在书写中体会汉字的优美”，在 7～9 年级“用毛笔临摹名家书法，体会书法的审美价值”。所以，教师要重视毛笔字的教学，切实加强书写指导。

写好毛笔字是一项语文基本功。毛笔是软笔，不容易掌握。教学生写毛笔字，主要是教给他们写毛笔字的基础知识和技能。楷书点画分明，结构方正，学习方便，应用范围较广泛，是学习其他字体的基础。因此，写毛笔字应该从楷书练起，而且小学阶段着重练写楷书，以掌握正确的执笔、运笔方法，掌握基本笔画的写法，经过长期训练，逐步做到写好毛笔字。

1. 教给学生正确的写字姿势和执笔方法

写毛笔字姿势分为坐写和站写两种。小学生主要练习坐写。坐写要求端坐桌前，胸口离课桌约一拳，两脚踏实，自然分开与肩同宽。身子直，肩要平，头略微向前倾斜，眼看笔的下端。两臂撑开，左手按纸，右手执笔。这样，能将全身的气力送到点画的尽处，既得力又能持久。

用毛笔写字的执笔方法和铅笔、钢笔不同。用右手食指弯曲成鹅头的形状，用第一节压住笔杆的右外侧；拇指第一节凸出，指肚抵住笔杆的左内侧，对着食指上节，握紧笔杆。中指和食指稍微分开一些，在下面夹住笔杆；无名指和小指的指尖不要触到掌心，使掌心圆而中空。这样，手的筋骨肌肉就放松，使笔能上下左右前后转动自如。腕要与纸面平行，笔杆要竖直。此外，握笔不能太低，写小字时，约离笔头一寸，写中楷时握得再高一些，写大楷时约离两寸，有时还要高一些，要由所写字的大小来决定。要求学生执笔时做到“指实掌虚，掌竖腕平，指腕灵活”。

2. 教给学生正确地运腕和运笔方法

运腕是以手执笔，运用腕关节的力量来写字。具体动作是腕部随着运笔的提按顿挫、轻重徐疾做相应的摆动。运腕幅度的大小和所写字的大小有关。

写毛笔字运笔的要求是中锋铺毫，既要让笔毫在点画中间运行，又要灵活自如。指导学生运笔时，要一边讲一边示范，注意以下四点。

逆锋起笔。指起笔时笔锋要“欲左先右，欲右先左；欲上先下，欲下先上”，做到起笔藏锋。

回锋收笔。指写横和竖到尽头要收笔时，将笔略微提起，使笔锋回转。

中锋运笔。指行笔时锋尖始终从笔画中间运行，使写出的字笔韵光洁，骨肉匀称，饱满生神。

毛笔在蘸墨时，要不断地转动笔杆，使笔毛保持正直，四面吸匀墨汁。

学生能做到以上四点，并且在书写时适当运用笔锋，在行笔中做到快慢轻重，行驻有节，这就算掌握了运笔的基本要领。

（四）写字教学常用的方法

不论是硬笔书法，还是毛笔，写字教学常用的方法有：讲授法、观察法、示范法、比较法、实践法、熏陶法、多媒体辅助法临摹法等。

讲解法。教师用语言来讲解写字知识、书写要领的方法。讲授时应突出重点，解除疑难。语言要准确精练，通俗明白，有吸引力，富有启发性。适当讲述书法家学习书法的故事，介绍其绘画作品，引起学生对书法家的崇敬之情，有助于激发学生的练习书法的兴趣。

示范法。教写字只靠讲不行，必须书写示范。教师示范时应注意动作缓慢，可边示范边讲解，帮助学生看准字的形态，看清书写的过程，进而理解运笔造型的道理。引导他们眼看、耳听、心想，加深体验。

观察法。教师有目的、有计划地引导学生用直接知觉去观察汉字的造型特点的方法。指导观察时要注意一要有目的，有具体的观察要求。二要有顺序。三要动脑。有了准确的观察，写出来的字就容易符合要求。经常观察碑帖、字帖，让学生体悟中国书法艺术美。

比较法。写字教学中有正确与错误、美观与丑陋、主要与次要的对比；比较的形式也有新旧知识之间的比较、示范比较、正误比较、练习情况自我比较等。比较时，学生可在老师的指导下进行，也可独立运用比较的方法认清字形，分析字的特点，有效地进行书写练习。还可以让学生对名家书法作品加以比较，培养学生审美趣味，提高学生书法欣赏的文化品位和审美能力。

多媒体辅助法。运用多媒体课件辅助教学，直观形象，富有动感，能激发学生的兴趣，更好地掌握写字方法与技巧，有效地提高教学效率。如运用多媒体创设写字教学情境，能激发起学生写字兴趣；运用多媒体演示汉字的笔画或书写过程，能促使学生尽快地掌握汉字的笔画书写要点和笔顺书写规则；运用多媒体突出关键笔画，可以引导学生尽快掌握书写规律，根据汉字的特点将字写得规范美观；运用多媒体展示名家书法作品或学生中的优秀作品，引导学生欣赏、品评，展示自己的习作并学会评价，从而不断地提高审美能力。

实践法。学生写字，不是要口头懂得多少写字知识和书写规则，而是要在实践中体验和掌握书写技法，形成书写能力。练习书写不是动作的机械重复，要与观察思考、记忆结合。要依据学生的年龄特点，心理特点和书写实际，合理安排时量和难度，同时还要注意激发学生的积极主动性，采取有效的方法激起学生学习的愿望，使练好字成为学生的一种内心需要。

临摹法。“临”就是临帖。临帖以范字或书法名家的碑帖作为范本，让学生照着写。汉字的笔画安排和布局比较难掌握，而临帖能帮助学生解决这个问题。为了便于学生掌握字的间架结构，不至于写得过大、过小或者歪斜散乱，一般用米字格来临写。临帖之前，要指导学生潜心揣摩字的形态，学习和掌握点画的写法以及结构的安排，做到心中有数，然后再下笔。学生在临帖时，还要引导他们多观察，多比较，多领悟。临帖时要努力做到一气呵成，不要看一笔写一笔，也不要因为写得不像，就描来描去。每临一遍后，要对照字帖研究改进，逐步做到写出的字和字帖上的范字相仿。“摹”就是摹帖。它的作用在于让学生学到范本上的笔画、结构等。摹帖包括描红和仿影。描红是直接在印好的红色范字上，按字的笔画和结构描写。描红之前，教师可以讲讲如何起笔、行笔、收笔，使学生初步懂得运笔的方法。指导描红时，要先让学生默记所写的红色范字的形态，再看看是由哪些笔画组成的，这些笔画是什么样的，然后再按笔顺描写。描红时送笔要慢些，所写的笔画要一笔成形，努力做到红色恰好被墨汁覆盖。写出的笔画如果和范字有出入，也不要重描，在描下一个字时注意改进。仿影是用半透明的纸蒙在范字上，按照在纸上显现出的字迹来写。仿影时不能写写描描，填填补补。教师除了要指导学生掌握如何起笔、行笔、收笔以外，还要启发学生动脑，思考范字的笔画安排和字的结构形态，免得学生离开了范字就不知道如何下笔。

毛笔书法教材安排的字帖有柳公权的《柳体字帖》、颜真卿的《颜体字帖》和欧阳询的《欧体字帖》三种。教师可根据自己的擅长和学生的实际情况选用其中一种。一经选用之后，应该要求坚持临写下去，不要随意更换字帖，否则不容易把字练好。

以上是写字的基本教学方法，每种方法都不能孤立地使用。应考虑教学条件和学生的实际，因人而异，因地制宜，灵活运用各种方法。

（五）写字教学的过程

谈到写字教学的过程，有广义和狭义之分。广义的写字教学是指贯穿在学习过程中各个阶段写字的教学。这是一个循序渐进，不断提高的过程。让先用硬笔练习写字，后用毛笔练习写字。从写硬笔字来说，一、二年级学生使用铅笔写字，从三年级起用钢笔练习写字。从写软笔字来说，三年级上学期练习用毛笔描红，三年级下学期练习仿影，以后练习临帖。狭义的写字教学单指一节写字课的教学。

一节写字课教学的一般过程是："指导—示范—练写—批改—讲评"。指导。这是提高写字质量的关键。指导要突出重点和难点。开始时要逐字逐笔地讲清要领，重点笔画要引导学生观察笔画的形态特点。教师在分析笔画时，要指导学生运笔，掌握正确的运笔方法。

示范。教师的示范能起潜移默化的作用。要让学生看清每一笔画的起笔、行笔、收笔以及运笔时的提、按、快、慢。对相似的笔画和字形，要在示范中比较，指出可能出现的不正确的写法。示范和指导要结合起来进行。边示范边指导，形象直观，效果较好。

练写。低年级学生练习书写之前，可以先看着黑板上的范字练习书控，作为练写的过渡。学生练习写字时，教师要巡视指导，发现带有普遍性的错误，应该立即在全班给予纠正。对写字较差的学生要加强个别辅导。

批改。教师应该认真批改学生的写字作业。对写得好的字可用红笔圈出，特别好的可画双圈，以此鼓励学生认真写字。学生写错了字或者不认真写，教师要用笔标出，让其订正或重写。

讲评。教师根据批改的情况，对学生的写字作业分析、评议。这是提高学生书写水平的重要一环。通过讲评肯定成绩，纠正偏向。教师还可启发学生自己讲评，逐步提高学生的观察能力和鉴别能力。

批改和讲评可结合进行。在一节写字课上，教师可当堂批改一部分学生的作业，然后讲评。也可以课后进行批改，在下一次写字课上，先进行讲评，再指导、示范、练习新的写字内容。选择哪种做法，要根据教学需要和学生的作业情况来安排。

第四节 识字写字教学思维创新

识字写字教学是指教师引导学生学习汉字和书法知识、利用其所蕴含的中华文化资源、以促进培育良好的识字素养和写字素养的活动。识字写字教学不仅仅是传授汉字相关知识，还要通过汉字教学使学生感悟、理解、认同、传承本民族文化，厚植学生的中华文化底蕴，进而培育具有中华精神和中华气魄的中国人。教师在对学生进行识字写字教学时，应转变固有教学思维，在教学中增加有关中华优秀文化背景的相关知识，提升学生对中华汉字的理解力与中华文化的认同感。

一、中华优秀传统文化融入小学语文识字写字教学的可行性

中华优秀传统文化与识字写字教学具有本质上的关联，其根本原因在于这二者在目标、内容、实践等维度相融相通，进一步证明了中华优秀传统文化融入识字写字教学具有高度可行性。

（一）目标层面：识字写字教学指向文化传承

首先，从语文课程的方向上看，《义务教育语文课程标准（2022年版）》将“热爱国家通用语言文字”和“认识中华文化的丰厚博大，汲取民族文化智慧”等作为语文课程的总目标。因此，识字写字教学作为语文课程的重要构成部分之一，帮助学生建立与中华文化的情感联系和认知基础也成为识字写字教学不可推卸的职责。其次，从汉字本身来看，由于汉字系统的内在稳定性及其表意功能，所以汉字成为记载中华文化的重要工具，使得汉字本身也成为一种文化符号。汉字的方正结构传递着民族的思想和灵魂；汉字的形、

音、义构成了民族基因的钥匙；汉字的书法体系彰显着民族的精气神。因此，汉字是中华文化的根基，只有正确认识和掌握了汉字的文化意蕴，才能真正体会中华文化的思想和精髓，才能从根本上继承中华优秀传统文化。

由此看来，识字写字教学的根本指向是中华优秀传统文化的价值传承。中华优秀传统文化是我国文化的根与魂，代表着中华民族最深层的价值取向和精神追求，其所倡导的“讲仁爱、重民本、守诚信、崇正义、尚和合、求大同”等思想至今都是涵养我国民族精神追求的重要动力。正是得益于中华文化深厚的价值基础和中华民族的代代相传，中华优秀传统文化上下传承五千年也长盛不衰、历久弥新。汉字作为传承中华优秀传统文化的纽带，更需要深入挖掘中华优秀传统文化的思想精华和道德精髓，从而夯实中华优秀传统文化的价值基础。这就表明，识字写字教学的实质是汉字教育和中华文化教育。可见，中华优秀传统文化和识字写字教学共同指向中华文化的价值传承，两者在目标上具有一致的价值取向，使中华优秀传统文化融入识字写字教学具有更加充足的可能性。

（二）内容层面：汉字本身蕴含丰富的文化思想

从造字之初开始，古人就十分注重用构形来表现符号的意义，使汉字具有鲜明的文化理据性联系。随后，汉字中增加了借音字符和借义字符两种语言单位，促使汉字体系逐渐趋于成熟完善。汉字发展至今，尽管在形体上已经发生了较大变化，但许多汉字仍然保留着表意文字的基本特点，使汉字中蕴含和积淀的文化符号和文化信息得以稳定传承。因此，汉字的形体结构特征保存了大量中华优秀传统文化思想的内容。如汉字不偏不倚的方正结构体现了中华民族的“贵和尚中”意识；“天”“春”“大”等字将人与宇宙的关系视为整体，反映了中华民族在认识世界和改造世界中所展现的“天人合一”思想；“左”“右”等字借助人的身体部位来表达事物的抽象意义，体现中华民族“以人为体”的价值取向。另外，从汉字的构意上看，汉字的构字思维会受到特定的物质条件和文化环境的影响，使汉字本身也成为中华优秀传统文化的重要符号和载体。其中，儒家思想在汉字的发展演变过程中对汉字的构意起着显著的引导和制约作用。如“义”字的繁体字为“義”，甲骨文的“義”字是战士头戴羊冠、手执兵器的形象，表示出征时的威武气势，后来受到战国时期思孟学派心性之学的影响，“義”字增加了“仁义”“正义”的意义，以表示人的内在德行与心性。[①]再后来，“義”的观念构成了儒家思想的要目之一，“義”字的儒家文化内涵也延续至今。正如瑞典著名汉学家汉斯·昆说：“文字具有表意内容，呈现了某种基本上相同的态度和世界观，而这种态度和世界观从本质上看都受古老的儒学制约。”[②]可见，汉字本身就与中华优秀传统文化的内容意蕴高度契合，进一步为中华优秀传统文化融入识字写字教学提供了切入点。

（三）实践层面：传统文化为教学提供优化思路

在我国小学识字写字教学实践中，长期存在重知识教育、轻文

[①]刘宝俊. 论战国古文“義”字[J]. 中南民族大学学报（人文社会科学版），2015（03）：112-115.

[②]崔丽娟. 汉字与儒家文化思想[J]. 汉字文化，2007（02）：69-71.

化教育的倾向，使识字写字教学陷入过于注重符号知识的现实困境。这一普遍现象说明了许多教师在识字写字教学中只关注了符号知识的表层学习，而忽略了知识意义基于学生身心成长的深层次追求。从知识价值观的立场上看，知识的内核是意义，对符号知识的占有并不是目的，获得符号所隐含的全部意义才是知识教学的宗旨。[①]汉字是汉民族在长期社会实践过程中逐渐创造并作为认知中介的文化符号，因而汉字不仅仅是表征汉语言知识的符号，也是呈现中华民族在认识世界和改造世界过程中的思维方式、行为模式、价值观念等的价值系统，而后者才是推动学生身心成长的真正动力。这就要求教师在识字写字教学中深挖汉字的文化价值，如汉字形体的美育价值、汉字构形的智育价值、汉字构意的德育价值等，从而用汉字的文化内蕴来滋养学生的心灵成长、增强学生的精神力量以及关照学生的人格发展。而汉字中能涵养学生精神成长的文化内容便是中华优秀传统文化，因为中华优秀传统文化植根于中国民族几千年的文化历史，是从中华文化提取出来的文化精华，蕴含了中华民族深刻且独特的文化理念，体现了中华民族最深邃的精神追求，中华优秀传统文化所倡导的“天人合一”“和而不同”“仁者爱人”“以民为本”等价值理念在汉字中都有所体现。这就为教师在识字写字教学中由教知识的符号转向教知识的意义提供了完美的契合点，进而为提升识字写字教学的深度提供了进一步的优化思路。

[①]姚林群，向野．“教知识的符号”转向“教知识的意义”—兼论知识教学中情意目标的达成[J]．中国教育学刊，2018（07）：57-61+93.

二、中华优秀传统文化融入小学语文识字写字教学的过程

（一）中华优秀传统文化融入小学语文识字写字教学的基本过程

中华优秀传统文化融入识字写字教学是一个由表及里、由浅入深、循环渐进的发展过程，具体而言，其融入教学的基本过程分为文化感知和体验、文化理解和认同、文化传承和自觉三个阶段。

1. 文化感知和体验

文化感知与体验是中华优秀传统文化融入识字写字教学的初始环节。文化感知是指学生在某一特定的文化背景下对于客观文化环境的感性认知的过程。在这个阶段，学生对文化客体的认知还处于直观感知环节，更多表现为对文化客体的注意和察觉，还没有深入学生的内部心理，因而还只是一种对文化客体外在价值的认知过程。[①]

文化体验是指学生在特定文化情境下借助感官互动对客观文化环境所产生的情感认知过程。在这一阶段，学生对文化客体认知的内在意识更为积极和主动，在与文化客体感官交互的过程中持续碰撞和交流，从而引发部分文化认知和情感上的共鸣，因而文化体验阶段比文化感知阶段更为深层次。但是，由于文化客体内在价值存在隐蔽性的特征，通过文化感知和文化体验所获得的认知往往是不全面的，还具有表面性和片面性的特点，还需要进一步深层次的建构。尽管如此，文化感知与文化体验是文化育人必不可少的起始环节，它是将学生从事实世界引入价值世界的桥梁，在整个融入过

[①]姚林群. 课堂中的价值观教学[D]. 武汉：华中师范大学，2011.

程中起着十分重要的作用。因此，对于教师来说，需要十分重视在识字写字教学过程中通过中华优秀传统文化的渗透，开启学生对中华文化的直观感知与体验。

基于汉字多维的文化属性，教师就可以在识字写字教学时通过直观法、情境创设法、故事法等方式，并结合学生的认知特点和生活经验，有意识地呈现汉字背后的文化背景和文化图式，进而让学生借助汉字来直观感知中华文明的思想文化、价值取向、审美标准、道德风貌等文化特征。如在讲解“栋”字时，教师可以先呈现其古文字形态，让学生初步感知我国古代房屋的形制，再结合《周易·系辞下》所言：“上古穴居而野处，后世圣人易之以宫室，上栋下宇，以待风雨”，来让学生初步了解我国古代房屋建筑的发展过程，进而初步感知“上栋下宇”所构成的坚固结构，进而让学生明白“栋梁”一词的引申义是指代能抵御艰难困苦、担当国家重任的人才。

2. 文化理解和认同

文化理解与认同是中华优秀传统文化融入识字写字教学的关键环节。文化理解是指学生依据自身经验和价值判断，从内化的角度去尝试理解和诠释文化客体所蕴含的内在价值和精神的认知过程。在此阶段，学生对文化客体的认知进行了更深入的思考与分析，开始尝试运用原有的知识和经验去理解文化客体的价值性，并通过经历辨析、推论、验证等价值分析和价值判断的过程，对文化客体的内在价值有了较为全面和理性的认识。

文化认同是指学生基于对文化客体内在价值的认知、判断和建构所产生的文化倾向性。在这一阶段，学生经过前一阶段的理性思考后，对文化客体的内在价值产生了情感上的共鸣和认同，并主动将其认同的部分纳入自己的价值观念和价值体系中。学生在经历了文化理解和文化认同两个阶段后，已经能够自觉地将文化客体的外化价值观念内化为自己的价值标准，并主动将其作为自身的行为指南。可见，培养学生的文化认同感是文化育人过程中极为关键的环节。因此，教师需要以学生已有的文化认知基础为教学起点，通过引导、激励等方式激发学生心灵深处对民族文化的共鸣感，从而真正提升学生对民族文化的价值认同感。例如教师在进行《九月九日忆山东兄弟》教学时，除了字词之外，还需要把重点放在让学生感受诗人独在异乡、思念亲人的感情。教师若单纯对诗歌字词、内容进行讲解，可能难以让学生形成深刻的认知。此时教师可引入其他诗歌，让学生体会不同表现形式下的思乡之情，进而加深学生对诗中“倍”“少一人”的理解，让学生对“思乡之情”的理解更为深入。同时，教师可引入重阳节的来源，将中华文化中“家国情怀”“尊老爱幼”等融入教学中，有意识地培养学生的爱国情怀。而且，诗歌理解具有强烈的主观色彩，教师在开展诗歌教学中，可通过小组讨论、情景教学等形式，将学生的实际生活和诗歌中的世界紧密联系起来，让学生对诗中的情感理解更深入，进而加深学生对中华文化的理解。

3. 文化传承和自觉

文化传承与自觉是中华优秀传统文化融入识字写字教学的标志环节。文化传承是指学生作为民族文化共同体成员，在吸收和理解了民族文化内在价值的基础上对其进行文化延续和再生产的过程。在这个阶段，学生不仅将民族文化的内在价值纳入了自身的思维和价值体系，也主动在生活和实践中进行文化传播和创造。所以，文化传承是继承中华民族精神、延续中华民族命脉的重要环节。文化自觉是在文化传承的过程中对民族文化的内在价值更为深入和全面的觉醒和反思，体现的是对民族文化发展主体责任的主动担当。

如今，我们生活在一个文化复杂交织的时代，不同的意识形态和价值观念冲突碰撞，民族文化面临着多元文化思潮的冲击，意味着民族文化需要以新的时代阐释来获取更加主动的话语权。因此，培养学生的文化传承和文化自觉是中华优秀传统文化融入识字写字教学的最终指向。教师在识字写字中要确立民族文化意识，全面把握中华优秀传统文化的发展脉络、内在价值和思维内核，并引导学生通过参与文化交流与实践的活动，感悟汉字中的哲学、智慧、美德等文化精华，以培育学生的文化主体身份和民族共同体意识。教师也可以在汉字教学中呈现外来词的文化渊源，展现汉字所秉承的开放包容意识，进一步对比不同文化场域下的文化意识和理解，从而培育学生对文化差异性的理解力和包容性，使其初步具备文化的判断和选择能力，从而树立民族文化自信，进而在文化实践中自主地进行文化传承与创造。[①]

（二）中华优秀传统文化融入小学语文识字写字教学的主要特点

中华优秀传统文化具有多维文化属性和多重育人价值，将其融

[①]姚林群．学校教育的文化自觉及其实现[J]．教育研究与实验，2021（01）：1-7.

入识字写字教学是培养学生语文核心素养的应然之举。和传统识字写字教学相比，主要呈现以下几个特点。

1. 渗透文化意识的教学目标

教学目标是课程目标得以实现的细化要求，是教学的出发点和归宿。《义务教育语文课程标准（2022 年版）》将“文化自信”作为语文课程所要培育学生的核心素养之一，并将“文化自信”居于语文核心素养的首要位置。文化自信的培育离不开对中华优秀传统文化内在价值的深度理解和认同。因为中华优秀传统文化植根于中华民族几千年的文化历史，蕴含着丰富的民族文化基因，深刻反映着汉民族的文化人格、文化心理和文化精神，是孕育民族自信心和自豪感的不竭源泉。识字写字教学作为语文课程的重要构成部分，而汉字又作为中华文化的主要载体，理应在教学目标中渗透民族文化意识。

融入了中华优秀传统文化的小学识字写字教学，注重工具性和人文性的统一，关注汉字内蕴的文化功能和育人价值。教学目标的设置关注汉字与中华文化的内在联系，如汉字中的民族文化精神和文化品格，汉字构形所体现的民族思维和文化价值观、汉字形体中的审美情趣等，这些文化精髓不仅是涵养学生的中华文化意识和文化主体身份的重要途径，也能成为滋养学生精神成长的重要养料，从而实现以文化人的重要使命。另外，基于学生的年龄特征和认知特点，渗透民族文化意识的教学目标呈现分阶段、分学段融入的特点。例如，对于低学段的学生，重点是通过识字写字教学引导学生初步感悟汉字的形体美、汉字的部件意义以及汉字中所蕴含的中华文化与生活的联系；对于中学段的学生，重点是引导学生初步感受汉字的中华文化内涵和智慧、初步体会书法中的中华文化精神、尝试自主探索汉字与中华文化的联系；对于高年级的学生，重点是引导学生通过识字写字教学感悟汉字的中华文化思维和文化品格、体会中华文化的博大精深和灿烂辉煌、在实践中体会中华文化的思想魅力。

2. 注重文化体验的教学过程

中华优秀传统文化融入识字写字教学，使教学更加关注过程性价值，注重学生在学习过程的文化参与感和体验感，围绕汉字的文化学习以激发学生积极的情感体验和激活深层次的内在思维，从而实现汉字的内在意义与学生精神成长的深度融合。一方面，基于汉字的构形规律，利用多媒体技术，调动学生的多感官体验，具体表现为将汉字形体的演变过程可视化、汉字中的内在思维特征形象化、古人构字故事的呈现生动化等。如教师在讲解“禾”时就可以呈现谷物从生长到成熟的动态过程，再对比甲骨文“禾”字的谷穗躬身向下以对根部致意的谦卑形态，最后将孔子所谈论狐狸与禾的故事形象化，从多角度展现古代先贤不忘本和根的家国情怀。另一方面，汉字背后蕴含的中华文化内涵是丰富多样的，因而可以基于学生的认知和思维特点，开展多样化的文化体验活动，如角色体验、情景表演、辩论比赛、闯关游戏、游览参观、作品欣赏与创作等。随着在汉字文化学习体验活动的深度参与，学生会潜移默化地将中华优秀传统文化的内在意义与自身经验、感悟、情感、价值观等结合起来，进而能有效促进学生对中华优秀传统文化价值的理解和认同。

3. 基于文化回应的教学内容

文化回应性教学是以多元文化教育为前提，主张立足学生已有的文化背景和经验而建构的教学方式。文化回应教学主张以学生的母语文化为桥梁，以发展学生的文化思维方式，建构个性化的学习意义。在本质上，文化回应性教学是对教育内容的意义增值的诉求。将中华优秀传统文化融入识字写字教学，既是对本民族文化的一种回应，又是对学生个体文化的回应。中华优秀传统文化是中华民族几千年来创造和保留至今的文化瑰宝和文化结晶，蕴藏着中华民族共同的文化心理和文化理想，反映了中华民族普遍认同和接受的文化传统、思想情感、道德规范、价值取向、习俗传统等文化思想，是中华儿女共同的精神家园。因此，在识字写字教学中，通过汉字向学生传递其所蕴含的中华文化历史、哲学观念、理想道德、审美情趣、文化理想等优秀文化基因，实际上是对本民族文化的认可与回应，有利于培养学生与中华文化的情感联系，建立学生学习的意义感，进而提升学生在文化传承中的使命感和责任意识。另外，学生长期生活在中华文明的教育与文化背景之下，其价值观念、思维模式、生活方式也会潜移默化地受中华文化的影响，通过汉字教学对学生的生活文化思想进行回应，有利于学生初步意识到其个体存在是与中华文化的历史和发展息息相关的，从而增强学生在汉字学习过程中的学习意义感。如我国作为饮食文化丰厚的大国，汉字也携带了饮食文化的基因：烹、蒸、煮、炒、煎等字所体现的多样烹制技术，食部、米部、肉部、火部、鱼部、卤部等字所蕴含的多种烹饪种类，酱、豉、醋、盐等字所反映的五位调和文化。这些饮食文化是存在学生的生活环境和经历中的，是与学生个体密切相关的，所以，教师在汉字教学中应适时向学生呈现汉字背后的文化信息，引导学生建构和反思民族文化和个体之间的关系。

4. 聚焦文化素养的教学评价

课堂中的文化育人的宗旨是发展学生的文化素养，真正使学生由“自然的人”发展成为“文化人”。汉字中所蕴含的人文精神、传统美德、核心思想等优秀传统文化内容正是培育学生文化素养的重要来源。根据笔者的课堂观察，当下识字写字教学课堂较多关注汉字的工具性属性，而忽视了汉字中深层次的文化价值和育人功能。

在课堂教学的评价上，教师会更多关注学生是否能根据拼音拼写汉字、是否会正确书写、是否能读准字音、是否会组词造句等工具性的要求，对于汉字所蕴藏的文化内涵和意义却没有进行深度挖掘。诚然，汉字作为学生语文学习的基础，关注识字写字教学所提出的工具性要求是合理且必备的，但是，忽视汉字背后的知识价值和意义则会破坏学生汉字学习的丰富性和层次性，从而不利于学生个体的精神成长和文化素养的形成。

融入了中华优秀传统文化的小学识字写字教学，既关注识字与写字工具性目标的达成，又聚焦于学生在汉字学习过程中文化素养的形成过程和结果。具体而言，其评价维度包括学生对汉字的读写能力、从汉字学习中习得文化理解和认同的程度、汉字学习对学生价值观和实践行为的塑造程度等。从教育学立场的知识观上看，学生知识学习达到意义标准并不仅仅在于领会知识的客观意义，更在于学生在“掌握”知识的基础上进一步在知识与人之间建立起“意义关系”，关注人的“精神的转变”。这也就表明，教师在识字写字教学中要充分认识到汉字内在的育人价值，并在评价过程和方式上关注汉字学习对精神成长和生命成长的作用，逐步通过汉字学习培育学生的文化素养，实现知识对学生个体发展的真正意义。

三、中华优秀传统文化融入小学语文识字写字教学的策略

针对当前识字写字教学文化缺失性问题的成因，结合小学生的认知水平特征，教师可以从利用字理教学方法、创设汉字文化认知情境、丰富书法文化实践活动三方面入手。

（一）充分利用字理教学方法，深化学生对中华文化的理解

汉字属于表意文字体系，每一个汉字有其自身的构字理据，即“字理”。字理教学是从汉字“六书”的构成规律出发，结合汉字的语音、形体、语义三方面的特点，进行识字写字教学的方法。字理教学着重分析汉字的构字理据，注重汉字背后的文化溯源，是将汉字的构字规律和中华优秀传统文化紧密结合的纽带。因此，字理教学不仅有利于增进学生对汉字构造的理解，也有利于学生在汉字文化溯源中感染和浸润中华文化，增进对中华文化的理解与认同。通过对人教版小学语文教材的识字写字内容进行梳理，发现教材在识字部分的编排上主要融入了象形、会意、形声三种造字方式，以下是针对这三种造字方法提出的基本策略。

第一，利用象形字的直观特点，以图文对照的方式解读汉字的形义关系。象形字是依据客观事物的形象造出来的汉字，具有“观物取象，依类象形”的特点。著名文字学家唐兰先生曾说：“文字

本于图画，最初的文字是可以读出来的图画。”因此，教师可以利用象形字形义直观性的这一特征，在教学中呈现象形字的原始形象和演变过程，让学生找寻象形字与客观事物各部位之间的联系，以此在学生头脑中建立汉字的动态形象。基于低年级具象思维的认知特点，教师可以借助实物、图片、视频等展示汉字的构形思维过程。下面结合具体的教学案例进一步阐释。

1. 案例一

（黑板展示“口、手、目、耳、足”五个汉字）

师：我们祖先是如何将这些汉字创造出来的？为什么写成这个样子呢？让我们一起穿越到古代，去听一听发明汉字的人—仓颉是怎么说的。

（课件出示仓颉形象）

师：传说仓颉天赋异禀，你看！他有四只眼睛，与众不同，很了不起，发明了汉字。那这几个字为什么这么写，他是怎么创造的呢？我们一起来听。

（课件播放仓颉说话的音频：小朋友们好，这样的文字是人们根据事物的样子画出来的，就像画简笔画一样，让我们一起来照照镜子，看看镜子中的自己，你就会发现这几个造字的秘密。）

师：听清了吗？原来最早的文字就像画画一样，是根据我们看到事物的样子，把它画出来的。刚刚仓颉让我们去照镜子，我们在照镜子的时候，看到了我们的什么呢？

生：眼、口、耳、手、足。

师：于是，我们的祖先就把我们身上的器官给画了下来。你看，像吗？

（展示“口、手、目、耳、足”五个汉字的甲骨文形象）

师：这就是最早的文字，它就像形象的图画一样，经过几千年的演变，现在变成了这样。

师：让我们一起来看一看，你知道仓颉造这些字的秘密了吗？看看古文字，看看图片，再看看汉字，你发现了什么？

生：上面的“口”字好像嘴巴。

师：你看，“口”字就像我们张开的嘴巴。来，我们张开嘴巴，相互看一看，再看看“口”，像吗？

生：像。

师：原来“口”这个字就是根据我们嘴巴的样子画下来的。让我们来看看后几个字，你又有什么发现？

在上述教学片段中，该教师依据小学低年级的认知特点，运用古文字—实物图片—现代汉字相互比照的直观形式，帮助学生建立“口、手、目、耳、足”这五个汉字的形义关系，引导学生初步了解古人造字的思维。其次，通过引入仓颉“依物取象”的造字故事，引导学生初步感知汉字表意的这一特征，明白汉字是由图画文字衍生而来的文化渊源。在这一教学过程中，教师借助“照镜子”这一学习活动来模拟古人认识世界的方式，既调动了学生的日常生活经验，又增强了学生的识字兴趣，让学生在汉字体验中感知汉字的构字原理和文化底蕴。

第二，借助会意字部件组合的特征，对构件意义进行拆解组合教学。会意字是将两个及以上的独体字作为表意的形旁，再将各自的含义组成新意义的汉字。汉字会意的逻辑思维使汉字的意义串联起来，将汉字构形的思维贯穿其中，反映了中华民族的文化心理和思维方式。因此，教师可以依据会意字各部件的组合关系，让学生联系自身经验和生活体验，去理解此类汉字的内在关系和意义。对于会意字的教学，教师可以遵循下列步骤：整体感知汉字、理解各部件意义、整体把握汉字构件的音形义关系。

2. 案例二

师：“初”是一个生字，谁来说说怎么记？

生：“刀”加“衣”就是“初”。

师：“衤”表示一件衣服，“衤”加“刀”就表示做衣服一开始就要拿剪刀来剪裁布料，这是“初”原来的意思，后来“初”就变成了“开始”“初始”的意思。

那么“人之初”就是表示每个小孩怎么样呢？

学生 1：表示每个小孩刚开始的样子，很小。

学生 2：表示刚出生的小宝宝。

师：我们根据小宝宝的样子也造了一个字—“子”。（课件出示“子”的古文字）“人之初”就是指一个小孩子刚从妈妈的肚子里生出来，那一个孩如何长成一个大人呢？这里的奥秘呀就藏在所学课文的两个生字中。请同学们再读一读课文，找一找你还在课文哪里发现了这个“子”字？请在文中圈出来。

（生找出了“学”和“教”，师展示这两个汉字的板贴）

师：同学们看，“学”和“教”里都藏着“子”字，这就表示一个小孩只有接受教育，好好学习，才能长大成人。我们先来看一看“教”字，看看它古时候的样子。

师：瞧右边这幅图，“教”这个字就是指一个小孩正在学习，“教”的右边是什么旁？

生：反文旁。

师：请同学们看着这幅图，想一想，“文”是什么意思？

生：就是一个老师拿着一个棒子。

师：原来“文”就是表示手拿小棍。瞧，这个人手拿一根小棍，正在教这个孩子学习呢。猜猜看，这个人会是谁呀？

生：老师。

师：是呀，“教”这个字就是这样组成的。我们为什么要接受教育呢？请同学们读一读课文前四句。

……

在上述教学片段中，该教师将“初”和“教”的构字部件进行逐层解析，引导学生通过了解“初”和“教”的各部件意义，再借助古文字之形和图片，让学生整体感知和理解两个汉字的含义。在识字教学过程中，教师借助“教”和“学”两个会意字的共有部件“子”，实现了汉字之间的意义关联，有助于学生建立汉字的文化图景。另外，该教师借助“子”“教”“学”“人”的意象串联，向学生传递了重视学习的价值观念，在培养学生语言运用能力的同时，渗透了必要的道德教育，使“立德”与“立言”在汉字教学中实现同构。

第三，抓住形声字“形旁表义、声旁表音”的特点，引导学生发现汉字的构字规律。形声字是由意符和声符组成的合体字，意符一般来源于象形字或指事字，用来表示形声字的意义，声符一般来源于指事字或会意字，用来表示形声字的读音。在现代通用汉字中，形声字约占90%，构成了现代汉字的主体，因而形声字在语文教材识字部分所占比重最大。对于形声字，教师可以采用形旁归类的方法，启发学生借助形旁来理解字的意义类属特点，从而逐步发展学生触类旁通的自主识字能力。下面将结合具体的教学案例进一步阐释。

3. 案例三

（课件出示由蛇变成“虫”字的动画）

生：“虫”字。

师：同学们都认识“虫”字，其实最早的时候就是我们祖先根据蛇的样子造出来的，所以“虫”字最早的意思指的就是蛇。后来，我们祖先把天上飞的、水里游的、地上爬的，都叫作“虫”，所以很多动物里面都会有这个“虫”字。接下来，让我们一起去森林里面找一找，看看有哪些动物的名字里面有这个“虫”字呢？（课件出示蝴蝶、蜻蜓、蚯蚓、蜘蛛等动物）

生1：我看见了蜘蛛、蝴蝶。

生2：我看到了蚯蚓、蜻蜓、蚂蚁、蝌蚪。

（师出示词语板贴，师领读，学生跟读）

师：同学们看，在大森林里面，咱们遇到了这么多的动物。请你仔细看看它们的名字，你发现了什么？

生：它们的名字里面都有“虫”字旁。

师：原来它们都是“虫”字旁，因为它们都是动物。那咱们把

“虫”字旁用手遮住，读一读，你发现了什么？

生：遮住前的读音和遮住后的读音都是一样的。

师：你真聪明！你看这些动物的名字前面部分，“虫”字表示它们是动物，后面的部分其实提醒了我们这个动物的读音，这就是形声字。

在上述教学片段中，该教师以“虫”字旁为中介，串联起“蝴蝶”“蜻蜓”“蚯蚓”“蜘蛛”等形声字之间的意义，引导学生发现了左边“虫”字旁表示动物、右边汉字表示读音的奥秘。在这一识字过程中，学生不仅掌握了归类识字的方法，也认识到了古人在造字时所体现的逻辑性思维，即用汉字的部首表示同一类事物。另外，该教师在教学过程中还对“虫”字进行了文化溯源，引导学生了解了古代先民眼中的世界，拉近了学生与中华文化之间的距离。

（二）创设汉字文化认知情境，增强学生的文化学习体验

后现代课程学者斯拉特瑞说：“认知者不能同认知对象相分离，意义不能同引起该意义的经验情境相分离。”这就表明，真正的知识必须是在情境中建构的，只有在情境中将知识融入主体的内在体验，才能发挥知识对于促进认知主体发展的价值。因此，教师在识字写字教学中应充分认识到汉字教学的过程属性和价值，并通过创设丰富多样的汉字学习情境，调动学生的汉字文化学习经验和感悟，进而在汉字学习中开启学生对中华传统文化的感知。

教师可以借助识字游戏、讲述故事、动作演示等方法，深入汉字文化的历史。国学大师陈寅恪说：“凡解释一字即是作一部文化史。”汉字是中华民族几千年历史长河中伟大的智慧瑰宝，其在创

造之初深受社会环境、历史民俗、文化制度等因素影响，是汉民族文化生活图景的形象再现。因此，每一个汉字中都蕴藏着中华文化的历史基因。基于低年级小学生的认知心理特点，教师可以借助一些趣味性的汉字学习活动来激发学生的汉字学习兴趣，从而引导学生感知和体悟汉字里的中华文化意蕴。对于识字游戏的设计，教师可以立足儿童经验，借助游戏中的规则、角色扮演、假想、深度参与等特点，将汉字学习活动进行游戏化改造。比如学习“饣”这个形旁时，教师可以在课前让学生从生活情境中搜集“饣”的汉字，在课上通过小组竞赛游戏进行收集与汇总“饣”的汉字，随后通过偏旁汉字的归类与概括，引导学生发现“饣”与饮食有关，最后通过展示“食”字的甲骨文之形，即“食”字上部为“口”，下部像盛满食物的器皿，进而引导学生发现汉字形旁表义的构字规律。

另外，教师可以利用学生活泼好动的天性，通过动作演示法来加强学生对汉字文化的认知。如在学习“看”这个字时，教师可以先展示古文字的“看”，让学生发现“看”是由“手”和“目”构成，再引导学生将手放在眼睛上，模拟古人造“看”字时的动作，从而引导学生发现原来古人用手挡住光线便可以看得更远，而往远处看便是“看”的本义。在这一教学过程中，教师通过古文之形还原了古人造“看”字时的动作，并通过动作演示充分调动了学生的眼、手、脑等感官，既直观呈现了“看”字的形义关系，也加深了学生对古人造字思维的感知。此外，教师还可以利用会意字会合表意的特点，运用故事来阐明汉字的字理。

（三）丰富书法文化实践活动，加深学生对中华文化的熏习

书法的发展是伴随着汉字形体演变发展的，是对汉字审美情趣的延伸和艺术化。由于汉字作为书法的载体，书法文化也与中华文化的发展一脉相承，使其成为中华民族历史的文化缩影。为此，教师可以借助书法艺术实践活动，以增强学生对中华文化审美和道德的熏陶。

书法以汉字为基本载体，通过对线条、墨法和章法的同构，传递着中华民族不同历史时期的文化意蕴，如汉人尚气，魏晋尚韵，隋唐尚法，宋人尚意，元人尚态，明人尚趣，清人尚朴。所以，书法教育不仅仅是要关注学生书写技能的学习，更多的是引导学生从书法文化中感知中华民族的精神风骨和生命情怀，进而促进学生个体精神的成长与中华优秀传统文化的传承。

书法由长短、粗细、浓淡各不相同的线条构成，通过线条间的搭配艺术、空间上的着墨与留白、笔画穿插、间架结构等处理，塑造出独具中国特色的书法文化意象，从中折射出中华传统文化的精神气度和审美取向。因此，教师在书法教学中要抓住这些关键性的书法意象，引导学生在书法鉴赏中感悟文人墨客的风骨神韵和丰富情感，以中华文化的审美境界来融通学生的心灵世界。在课后，教师还可以通过开设兴趣小组、社团活动、书法展览、游览参观博物馆等形式，丰富学生对书法文化的真切体验，使学生在真实体验中深刻体悟中华文化思想的博大精深。另外，书法的精神与人的情感、个性形成了密切的同构，只有在书写的过程中做到心神专注、正心诚意，才能将书法的气韵和风骨呈现出来。这就要求学生在写字过

程中克服浮躁的心理，做到凝神聚气、心平气和、持之以恒地写好一笔一画。教师还可以辅以“三十年不下楼”“颓笔成冢”之类的小故事，进一步感化和磨炼学生的心性和意志品质。

第三章　小学语文阅读教学

第一节　阅读教学目标和理念

阅读是语文课程中极其重要的学习内容。现代的阅读观认为，一般意义上的阅读，是搜集处理信息、认识世界、发展思维、获得审美体验的重要途径。语文课程的阅读同样也应该这样理解。阅读教学是指重点培养学生阅读能力而进行的一系列语文教学活动。阅读教学是教师指导学生凭借书面材料获取知识和技能，形成和提升语文素养的语文实践活动；是学生、教师、文本之间对话的过程；是学生在教师的组织、引导下，通过阅读实践，丰富语言积累，形成良好的语感，培养独立阅读能力的过程。它是语文教学的核心，是促进学生语文能力形成的重要环节。

“阅读”与“阅读教学”是两个既相互联系又有着严格区别的概念。阅读的目的是从书面语言中获取信息，而阅读教学的目的主要是培养从书面语言中获取信息的能力，即理解书面语言的能力；阅读是一种个体活动，而阅读教学则是在教师指导下的师生、生生之间的双向或多向交流活动；阅读的基本过程是借助语言文字了解语言文字所表达的内容，而阅读教学并不以了解内容为终点，它还要求学生领悟一定的内容是怎样借助语言文字来表达的，从而提高理解语言和运用语言的能力。

一、阅读教学的目标

目标是教学的出发点和归宿，目标是教学的指南，目标是评价的依据。教学必须在明确的目标引导下进行。

（一）阅读教学的总目标

阅读教学的总目标为：具有独立阅读的能力，学会运用多种阅读方法；有较为丰富的积累和良好的语感，注重情感体验，发展感受和理解的能力；能阅读日常的书报杂志，能初步鉴赏文学作品，丰富自己的精神世界；能借助工具书阅读浅易文言文；6年背诵优秀诗文60篇（段），课外阅读总量不少于145万字。

（二）阅读教学的阶段目标

1. 第一学段（1～2年级）

喜欢阅读，感受阅读的乐趣；养成爱护图书的习惯。

学习用普通话正确、流利，有感情地朗读课文；学习默读。

结合上下文和生活实际了解课文中词句的意思，在阅读中积累词语；能借助读物中的图画阅读。

阅读浅显的童话、寓言、故事，向往美好的情境，关心自然，热爱生命；对感兴趣的人物和事件有自己的感受和想法，并乐于与人交流。

诵读儿歌、儿童诗和浅近的古诗，展开想象，获得初步的情感体验，感受语言的优美。

认识课文中出现的常用标点符号；在阅读中体会句号、问号、感叹号所表达的不同语气。

积累自己喜欢的成语和格言警句；背诵优秀诗文50篇（段）；

课外阅读总量不少于 5 万字。

2. 第二学段（3～4 年级）

能用普通话正确、流利、有感情地朗读课文。

初步学会默读，做到不出声，不指读；学习略读，粗知文章大意。

能联系上下文，理解词句的意思，体会课文中关键词句表达情意的作用；能借助字典、词典和生活积累，理解生词的意义。

能初步把握文章的主要内容，体会文章表达的思想感情；能对课文中不理解的地方提出疑问。

能复述叙事性作品的大意，初步感受作品中生动的形象和优美的语言：关心作品中人物的命运和喜怒哀乐，与他人交流自己的阅读感受。

诵读优秀诗文，注意在诵读过程中体验情感，展开想象，领悟诗文大意。

在理解语句的过程中，体会句号与逗号的不同用法，了解冒号、引号的一般用法。

积累课文中的优美词语、精彩句段，以及在课外阅读和生活中获得的语言材料；背诵优秀诗文 50 篇（段）。

养成读书看报的习惯，收藏图书资料，乐于与同学交流；课外阅读总量不少于 40 万字。

3. 第三学段（5～6 年级）

能用普通话正确、流利、有感情地朗读课文。

默读有一定的速度，默读一般读物每分钟不少于 300 字；学习浏览，扩大知识面，根据需要搜集信息。

能联系上下文和自己的积累，推想课文中有关词句的意思，辨别词语的感情色彩，体会其表达效果。

在阅读中了解文章的表达顺序，体会作者的思想感情，初步领悟文章的基本表达方法；在交流和讨论中，敢于提出看法，做出自己的判断。

阅读叙事性作品，能了解事件梗概，能简单描述自己印象最深的场景、人物、细节，说出自己的喜爱、憎恶、崇敬、向往、同情等感受；阅读诗歌，能大体把握诗意，想象诗歌描述的情境，体会作品的情感；能受到优秀作品的感染和激励，向往和追求美好的理想；阅读说明性文章，能抓住要点，了解文章的基本说明方法；阅读简单的非连续性文本，能从图文等组合材料中找出有价值的信息。

在理解课文的过程中，体会顿号与逗号、分号与句号的不同用法。

诵读优秀诗文，注意通过语调、韵律、节奏等体味作品的内容和情感；背诵优秀诗文 60 篇（段）。

扩展阅读面：课外阅读总量不少于 100 万字。

二、阅读教学的理念

阅读教学的理念隶属于语文课程理念之下的一个概念，因此，阅读教学的理念应体现语文课程标准的基本精神。具体来说应体现出以下几个方面。

（一）以读为本

语文阅读教学的主要任务是培养学生的阅读能力和良好的阅

读习惯。因此，阅读教学要做到“以读为本”。所谓“以读为本”，就是要把“读”贯穿于课堂教学始终。让学生在课堂上通过朗读、默读、诵读等方式，把书读通，读连贯，朗朗上口，入情入境；使学生在读中识字、解词、析句、了解内容；在读中发现问题，大胆质疑，主动钻研，相互探讨，在读中积累方法。

（二）注重语言积累，培养语感

语感是对语言文字的敏锐感知、迅速领悟和把握的能力，语感的培养在语文教学中占有重要的地位。但语感的形成是一个长期积累的过程，没有积累，谈不上培养良好的语感。①

1. 从阅读的数量入手

指导学生广泛阅读各种类型的读物，拓宽视野，不能只局限于课本上的几篇课文，只有通过大量阅读，才能自觉不自觉地增强语感，提高语言文字的理解和领悟的能力，感悟语言文字在表情达意方面的奥妙。

2. 要善于积累各种语言材料以培养语感

在阅读教学中指导学生使用积累的方法：在形式方面，可采用摘抄法、背诵法等；在内容方面，可积累自己喜欢的格言警句、优美词语、精彩句段等。

3. 要联系生活经验，丰富对语言、文字的感悟力

语感的敏锐，不能单从语言、文字上去揣摩，还应当把生活经验联系到语言、文字上去，让学生真实地感悟到语言传情达意的妙

①任光霞. 小学语文课程与教学研究[M]. 长春：吉林人民出版社，2020.

处和规律。同时引导学生走进课文所提供的社会生活，扩展学生的人生阅历，让学生在感悟语言的同时，体验人生百味，感悟人生的意义，从而进一步丰富学生敏锐的语言感悟能力。

（三）珍视学生独特的感受、体验和理解

语文课程具有丰富的人文内涵，它包含政治、思想、道德、价值观、文化、文学、美学等诸方面的内容。每一个学生都有自己独特的经验世界和情感世界，他们的知识基础、生活经历、情感体验、思维水平、认识风格各不相同，所以，不同学生对同一篇文章的反映必然带有鲜明的个性特点。

个性化、情感性和创造性是学生学习语文的基本特征。阅读是学生的个性化行为，不应以教师的分析来代替学生的阅读实践；应让学生在主动积极的思维和情感活动中，加深理解和体验，有所感悟和思考，受到情感熏陶，获得思想启迪，享受审美乐趣。我们要珍视学生独特的感受、体验和理解。教师要积极创造条件，营造氛围，促进学生自主学习，积极进行探究性阅读和创造性阅读，以使学生能有自己的发现，能获得自己的见解。同时，也要鼓励学生勇于以自己的方式表达自己的独特感受、体验和理解。

珍视阅读过程中学生独特的感受、体验和理解，就要让给学生充分的时间读书、思考，使学生在读中整体感知，在读中有所感悟，在读中培养语感，在读中受到情感的熏陶。

强调学生独特的感受、体验和理解要注意，不能片面地追求学生的个性化感悟、体验和解读，而忽视了教师应有的引导和指导。学生有时候的个性化感悟和理解是无意义的，甚至是错误的，如果一味强调“尊重”和“珍视”，不加以正确的引导和指导，不利于学生形成正确的人生态度、情感态度和价值观。如在让学生续编龟兔赛跑故事时，有个学生想出了让乌龟在第二次龟兔赛跑中再次获胜的办法：请个小乌龟帮忙，在岔路口把路标转换方向，使兔子跑错路，到不了终点。对这种“创造性”思维，教师应从思想道德方面去进行正确的引导和纠正，否则，非但不能提高学生的阅读能力，还会使学生的价值观、人生观及情感态度走向歧路。

第二节　阅读教学内容

在语文教学中，阅读教学担当着特有的任务：提高学生正确理解语言文字的能力；在阅读训练中，使学生的知识获得增长，认识得到提高，思维获得发展，情操得到陶冶，审美情趣得到培养。依据知识与能力、过程和方法、情感态度和价值观三个维度的语文课程目标，阅读教学有以下主要内容。

一、语文知识

（一）词汇教学

“词”是能独立运用的最小的语言单位。“词汇”是语言中全部词的总称，又叫语汇，包括成语和短语。词汇教学是阅读教学中最基本的内容。

1. 词汇教学的基本要求

第一学段（1～2 年级）：能结合上下文和生活实际了解课文中词语的意思；在阅读中积累词语和自己喜欢的成语，并乐于运用。

第二学段（3～4 年级）：能联系上下文，理解词语的意思；能体会课文中关键词语在表情达意方面的作用；能借助字典、词典和生活积累，理解生词的意义；积累课文中的优美词语，以及在课外阅读和生活中获得的语言材料，并尝试运用。

第三学段（5～6 年级）：能借助词典阅读、理解词语在语言环境中的恰当意义；会辨别词语的感情色彩；能联系上下文和自己的积累，推想课文中有关词语的意思，体会其表达效果。

2. 词汇教学的重点

理解词义是学生读懂课文的重要基础，也是学生正确运用词语的基本前提。词汇教学的重点就是理解词义。词义教学的重点应是课文中含义比较深刻、对表现中心思想有较大作用的词语，所以，阅读课文时，要引导学生找出重点词、关键词，研究它们对中心思想的作用。

（二）句子教学

句子是构成段落篇章的基础，人们要用语言和文字交流思想、表达情感，都必须以句子的形式出现。句子的学习直接影响学生语文能力的提高，所以，句子教学是阅读教学的重要内容。

1. 句子教学的要求

第一学段（1～2 年级）：能结合上下文和生活实际了解课文中句子的意思；在阅读中，能体会句号、问号、感叹号所表达的不同语气。

第二学段（3～4 年级）：能联系上下文，理解句子的意思，体会课文中关键句子在表情达意方面的作用；积累文中精彩的句段，以及在课外阅读和生活中获得的语言材料。

第三学段（5～6 年级）：能联系上下文和自己的积累，推想课文中有关句子的意思，体会其表达效果。

2. 句子教学的内容

句子教学的内容包括三方面的内容：一是建立句的概念，能把一句一句话分辨清楚；二是能准确地理解句子的意思；三是能从具体意思上知道句子与句子之间的关系。

3. 句子教学的重点

句子教学的重点是准确地理解句子的意思。进行句子教学，没有必要指导理解所有的句子。一般来说，对以下几类句子需要重点教学：含义深刻的句子；对于表现主题思想有较大作用的句子；内容和结构都比较复杂的长句；生动形象的句子；在文章结构上有特殊作用的句子；难以理解的句子。

（三）篇章教学

1. 篇章教学的要求

第二学段（3～4 年级）：能初步把握文章的主要内容，能体会领悟思想感情，知道要解决的问题是“写什么”。

第三学段（5～6 年级）：揣摩文章的表达顺序，初步领悟文章基本的表达方法，要解决的问题是“怎么写”；敢于提出自己的看法，做出自己的判断；鼓励学生独立判断，求异创新，促进学生的个性发展。

2. 篇章教学的内容

篇章教学是在学生能够理解词句，读懂自然段的基础上进行。这里包含的内容有四个方面：一是理清文章思路，二是把握课文的主要内容，三是了解课文的中心思想，四是体会课文的思想情感。这四个方面的内容，体现了篇章教学要求逐步提高的不同层次。在不同学段，应有所侧重地加以训练。其中前两项的教学主要在低中年级进行，后两项主要是在中高年级进行，是中高年级阅读教学的重点。这四个方面的内容又是紧密联系、环环相扣的。所以篇章的训练内容在不同的学段虽然各有侧重，但绝不能截然分开，孤立地进行，而要把它们有机地联系起来。

二、阅读能力

阅读教学的重点是培养学生具有感受、理解、欣赏和评价的能力，逐步培养探究性阅读和创造性阅读的能力。[①]

（一）阅读感受力

阅读感受力即对语言文学的认知感受能力，包括认识字形、读准字音、弄懂字义、了解文意，初步感知作品中生动的形象和优美的语言等；要求学生能与他人交流自己的阅读感受。小学低年级以培养阅读感受力为主，重点培养阅读兴趣。

（二）阅读理解力

阅读理解能力指在阅读感受力的基础上，深入文章的字里行间去获取其意义的能力。其既有对词、句的理解，又有对段、篇的理解，要通过课文言语认识课文表达的内容，进而领会作者的思想感情，又要认识作者是如何运用语言来表达情意的，进而体会表达的精妙，学习语言表达技巧。理解是对阅读的基本要求，是阅读能力

[①]陈凤英．轻叩阅读之门 小学语文教师阅读教学指要[M]．上海：上海教育出版社，2020.

的核心。狭义的语境，就书面语来谈，指的是上下文。一般来说，相关的句子、语段是词语的语境，相关的语段、全篇是句子的语境，全篇是语段的语境，作者写作时的思想感情倾向、社会或自然环境是全文的语境。所以，理解应该词不离句、句不离段、段不离篇；要提高阅读理解力，就要确立语境观念，提高在语境中理解分析问题的能力；要理清思路，把握文章。叶圣陶先生曾说："作者思有路，遵路识其真。"文章的思路是由文章的内容决定的，理清思路有助于深入把握文章内容。要根据词序理解句子。从句与句之间的关系，理解一段话所要表达的意思，再根据各段间的关系，来理解一篇课文所表达的中心意思。

（三）阅读欣赏力

阅读欣赏力指在全面理解的基础上上升到对作品思想内容的理解和对语言形式的审美，要求驱遣想象，反复品味，实现情感体验，获得审美享受。这是一种较高层次的阅读能力。在欣赏文章时，要充分联想自己直接的或间接的生活经验，开展积极的思维活动，运用想象把文章中写的各种情景事物再现出来，使人如临其境，如见其物。如读杜甫的《春夜喜雨》，除了内容丰富、主题鲜明以外，还具有独特的叙事艺术特征和美学意蕴。在整首诗中"春雨"是核心的意象，这一意象是诗人主观情感和客观物象的统一。袁行霈先生指出："意象是融入了主观情意的客观物象，或者是借助客观物象表现出来的主观情意。"在《春夜喜雨》中，"春雨"不仅是客观物象，还包括了"好"这一价值判断，是对春雨的主观化赞美。在哲学层面，这一意象还具有敦厚温润的特点，具有我国传统文化的

“中和之美”。整首诗中加入了时间的维度，让诗具有时间的指向，充满了历史性特点。比如，诗开篇的“春”指明了诗的背景，为整首诗创设了环境氛围，是叙事的开始，点明了雨到达的确切时间。“入夜”说明了时间的推移，加快了时空的流转。颈联虽然没有确切的时间概念，但是在云雨堆积的描述中，我们依然可以感受到时间的推移。尾联虽然是想象，但是将时间推移到第二天早晨，展现出时间的跳跃，具有叙事的历时性特点。另外，诗歌中运用了拟人化叙事，“好雨”知道时节，上来就赋予雨水人的性格，另外“入”和“潜”同样具有拟人化的特点，春雨被拟人化，明确了自己的目标和使命，这样的表现手法，以更加灵活的方式加深了行为的内涵，“事”的意味被放大，诗人在展现意象的同时完成了叙事。这是我们在《春夜喜雨》的教学中应该帮助学生感知和理解的内容。

（四）阅读评价力

阅读评价力指在全面、深刻理解的基础上，对作品内容、形式的是非、优劣、得失进行理性的鉴别和评判，实现价值评估。它要求读者跳出作品之外，与作者保持一定的距离，依靠作品内在的证据和外在的准则出入作品内外，反复对照权衡，客观公正地做出科学评价。评价作品时应注意什么呢？首先，实事求是的态度，评价要有分寸，要有根有据，既不无限拔高，也不随意贬抑；其次，评价必须建立在充分理解作品的基础上，学会做具体分析，不能望文生义，更不能架空评价；再次，见仁见智，不能强求一致。

（五）阅读迁移力

阅读迁移力指在理解鉴赏的基础上，触类旁通，举一反三，完成文本向实践的迁移，完成语文知识向阅读能力的迁移，完成阅读能力向语文素养的各个方面的迁移。架设由“章”及“物”的桥梁，达到读者阅读的最终目的，培养实践能力和创新精神，培养并发展人文精神。

（六）阅读创造力

阅读创造力是最高层次的阅读，是阅读的升华。阅读创造力指在阅读中有新的发现，提出或解答作品原有内容之外的新问题。接受美学认为任何作品都是作者和读者共同完成的，完美的阅读过程绝不是读者的被动接受，而是读者根据自己的情感、思想、知识、阅历等，对作品进行理解的过程。从本质上讲，阅读是读者对文本的再创造。文学作品的最后完成是靠读者的再创造。小学语文阅读教学应注意培养学生探究性阅读和创造性阅读的能力，提倡多角度的、有创意的阅读，利用阅读期待、阅读反思和批判等环节，拓展学生的思维空间，提高阅读质量。对于学生阅读中的发现，哪怕是一点一滴的进步和创新，教师都要细心总结，高度珍视，及时予以鼓励和表扬；有时还可以采纳学生的建议，大胆变更教学方案。

三、阅读习惯与阅读兴趣

（一）阅读习惯

叶圣陶先生说：“教育是什么？往简单方面说，就是培养良好习惯。”自动化了的良好的阅读习惯，会使学生终身受益。那么，良好的阅读习惯包括哪些内容呢？

1. 边读边思边动笔的习惯

孔子说：“学而不思则罔，思而不学则殆。”边读边思，能够使自己在阅读中处于主动的地位，读得自觉，读得深入，读出自己的心得和体会，阅读的效益自然就高。阅读中引发的深刻思考，一些有价值的见解，往往转瞬即逝，这就需要及时动笔，记录自己思考所得。文中优美的语段、重要的信息、精辟的言论或其他有价值的资料，要注意圈点批注，亦可做摘要、做索引。对老师、学生的精彩分析，要及时记录，养成“不动笔墨不读书”的习惯。

2. 使用工具书的习惯

要求学生养成查阅字典词典的习惯，不望文生义，不想当然，也不依赖别人。另外，教师根据实际情况，也可及时地向学生介绍一些其他工具书，并传授一些查阅图书资料的知识和方法。这样，学生日积月累，久而久之，既养成了独立阅读的良好习惯，同时也增长了许多知识。

3. 勤于读书的习惯

要求学生把阅读生活化、习惯化，养成读书看报的习惯，天天阅读，每天必读。有了这种感觉，说明阅读已经生活化了。

4. 质疑问难的习惯

问题是思维的动力和起点，哪里有问题，哪里就有思维，就有发现。创新源于质疑。善问的学生往往思路敏捷，思考问题深刻独到。是否善于就课文提出问题并解决问题，是检验阅读能力和创新能力的重要标尺之一。在阅读教学中要引导学生自己去提出问题、分析问题和解决问题，敢于并善于提出自己的看法和疑问，养成良好的阅读习惯。

（二）阅读兴趣

阅读兴趣，指的是对阅读活动的一种注意倾向、积极态度和喜爱程度。它是阅读动机中最活跃的部分，被称为阅读的“凝聚力”。

孔子说：“知之者不如好之者，好之者不如乐之者。”这句话道出了兴趣发展的三个阶段：“知之者”可视为兴趣产生的初始阶段，是由需要所产生的兴趣，可称为理趣；“好之者”可视为兴趣产生的中期阶段，是对事物和活动本身的兴趣，可称为情趣：“乐之者”可视为兴趣形成的高级阶段，是由审美所产生的兴趣，可称为乐趣。

在阅读教学中培养阅读兴趣需注意以下几点。

1. 明确阅读目标和阅读意义

当学生把阅读作为一种有目的、有意识的自觉行为和主动要求时，阅读兴趣也就产生了。所以，要以明确的目标激发阅读兴趣，再用阅读成果强化阅读兴趣。

2. 鼓励学生自主选择阅读材料

布鲁纳说：“学习的最好刺激，乃是对所学材料的兴趣。”要以知识本身吸引学生学习，使学生感到认识新事物的乐趣，体验学习中克服困难的喜悦。语文教师应考虑到学生的阅读兴趣，慎重选择阅读材料；给学生推荐阅读书目时，推荐面要广一些，让学生有选择的余地；提倡学生多读书、好读书、读好书、读整本的书，鼓励学生自主选择。

3. 追求阅读教学的审美境界

阅读教学的最高境界是审美化。任何人对于一种事物，只有把它当作美来追求的时候，才会产生极大的兴趣、热情和意志，才会为之而奋斗。

我们的每一堂课，都要力求让学生感到是一种美的体验，是艺术享受，感到愉悦，那我们的教学就接近于成功了。

语文教材本身就是一个琳琅满目的美的世界，语文教师要充分挖掘教材的审美因素，从审美的角度研究教材，处理教学内容，设计审美的教学方法，然后带领学生以审美的目光去发现美、欣赏美、品味美，使学生乐在阅读中，产生浓厚的阅读兴趣。

第三节　阅读教学策略

一、培养习惯引导阅读路径

凡是读书就要动笔，这是阅读的良好习惯，古人谈及读书提出：读书要心到、眼到、手到。鲁迅先生曾说，读书应该眼到、口到、心到、手到、脑到。从这些例子中我们可以感受到，阅读固然重要，但在阅读过程中的方法更为重要。不少大文学家在读书的时候，会在每一篇文章中重要地方做各种记号，写下读书笔记和批注。

在小学语文阅读的教学中，也应该讲究方法策略，在课下预习中让小学生凡是阅读都要动笔，不仅可以帮助小学生锻炼记忆能力，还可以帮助他们理清阅读思路，提高分析文章的综合能力。另外一点隐性的作用是，在阅读过程中，学生养成了良好的阅读习惯，注意力集中，思维活动会更活跃、更完美。因此培养良好的阅读习惯在小学语文阅读教学中是重要的教学内容。

培养小学生的阅读习惯，要留给小学生充足的自由空间，让学生之间交流。传统的小学语文教育课上学生表现循规蹈矩，这让小学生的阅读受到严重的束缚。以读为本的方法是让小学生从以往在阅读思维中跳出来，让小学语文阅读课堂充满轻松愉悦。[①]

二、开创情境激发阅读动力

小学语文课程标准要求在小学语文教学中，让学生在积极主动学习思维和情感交流中理解和体验语文知识。在阅读教学中应当对所读内容形成自己的感悟和思考，得到良好的情感熏陶，在思想上和审美上都得到提升。

在阅读课堂上的情境中充分展示自己。小学语文教师可以利用多媒体技术，根据阅读的具体要求进行设计，创设与阅读教学内容紧密联系的教学情境。这些教学情境可以涵盖小学生生活的方方面面，或者是社会人文情境，在阅读课堂上形成以小学生为中心、以读为本的良好氛围。对以读为本不仅是在文本上的阅读，还要有视觉和听觉上的刺激，多媒体技术就可以发挥出补充作用，让学生身临其境。阅读情境教学应该设立一些探索内容，也就是要在多媒体技术的帮助下，充分利用网络上丰富的语文阅读教学资源，引导小学生完成教师布置的阅读任务。以读为本的情境教学可以进行分组阅读，在小组间可以有不拘于形式的讨论活动，讨论结果由小组进行总结交给教师，教师进行批改纠正。

三、通过辩论辅助阅读教学

让小学生尽可能多地阅读，坚持小学生的学习主体地位。开展围绕阅读内容的辩论活动也是一种良好的方法。进行的辩论应该让

[①]金江运. 小学语文阅读教学策略探究[J]. 甘肃教育，2022（22）：125-128.

正反双方都有话可说，这就需要尽量选择不定向的辩题。

在辩论课堂上，辩题的确定是一方面，另一方面就是辩论对象的选择。第一，小学生生生之间的辩论。这也是最普遍的一种选择，小学生的心理相似，学生之间所持观点确实各异。对于辩题可以不拘于形式，畅所欲言。随辩论的进行，双方学生慢慢会提升自己的获取信息的能力，还可以学会遇到瓶颈时的应对方法。也就是辩论不能顺利进行的时候换一个角度。第二，小学生与教师之间的辩论。教师切忌表现出自己就是权威的姿态，要鼓励小学生提出建议。因此面对小学生遇到的问题，不要急于直接给出答案，可以引导小学生开展一次小型的辩论赛，教会学生解决问题的方法。第三，小学生与阅读材料的辩论。一些阅读素材中一般都会表明作者的观点，因此也就是读者与作者之间的辩论。这样可以培养小学生质疑读本的思维，不会盲目迷信读本。

第四节　阅读教学思维创新

一、思维导图在小学语文阅读教学中的价值

小学语文新课程标准总目标中提出："在语文学习过程中，发展学生个性，培养合作精神，养成良好的语文学习习惯，在发展语言能力的同时，发展思维能力，激发想象力和创造潜能，并初步具备搜集与处理信息的能力。"但在实际阅读中，教师往往重视对具体文本的解读，忽视对学生思维能力的培养。思维导图作为一种新型的、现代化的思维工具，通过确定中心主题或关键词，结合符号、图像构建逻辑分支，具备特有的高效性和实用性。将思维导图这一

辅助性工具引入小学语文阅读课堂中，有其独特的价值。[①]

（一）思维导图在阅读教学中的价值

将思维导图引入小学语文阅读教学中，对教师的教和学生的学这两方面具有独一无二的价值。一方面，对教师的阅读教学有着重要的理论和实践价值。就其理论价值而言，能够丰富小学语文阅读教学方法。就其实践价值而言，教师在备课时运用思维导图，能够高效解读教学目标、选取教学内容、熟悉教学流程等，提高自身的备课效率。同时采取思维导图进行教学，简化教学步骤，打破传统讲听模式，活跃了课堂的气氛，优化了学生的学习方法，课堂质量也得以提高。另一方面，对学生的阅读学习也有着重要的实践价值。学生掌握思维导图核心后，充分利用思维导图不仅能够梳理文章线索与脉络，辅助理解文本，还能够借助思维导图提高识记效率，从而加深对文本的理解和记忆，促进课后的迁移，课后复习也更加得心应手。

1. 明确教学内容，理清教学思路

教师上好一节课是建立在精心备课的基础之上，备课包含备教学内容、备教学对象以及备教学方法，备教学内容又是备课中的重中之重。传统的备课教师采取写教案的方式，撰写教案耗费时间长。在信息时代，网络资源丰富，教师通过互联网能够获得教案，但其自身的教学思考会大大降低，更有甚者，直接背教案，这不仅效率低下，而且阻碍了自身的专业成长。思维导图的概括性较强，其发

[①]徐慧妍．思维导图在小学语文阅读教学中的应用现状研究[D]．上海：上海师范大学，2021.

散式的结构可以帮助教师有效构思教学流程，组织教学内容和教学方法。教师采用思维导图备课，能够清晰呈现教学思路，并迅速熟悉教学过程和教学内容，突出教学的重难点，备课时间大幅缩短，提高了备课的效率。如教师在备课时，可以将教学流程分为三大板块：课题导入、文本解读、拓展延伸。课题导入采用直接导入的办法。在课文内容讲解部分，围绕提前拟好的问题展开对文本的解读。在课后拓展部分，帮助学生树立通过思维导图，将课文重难点表示出来。

2. 梳理文章结构，辅助文本理解

小学语文教材中涉及诗歌、小说、散文等不同的文学体裁，不同体裁的课文结构也有所不同，例如，小说离不开“人物、环境、情节”三要素，情节中通常包含起因、经过、结果，人物与环境则会涉及细节描写；古诗学习则包含了解诗人、理解诗意、领悟诗情、背诵诗句等环节；散文可以分为叙事散文、哲理散文和抒情散文三种类。在进行阅读教学时，教师借助思维导图指导学生梳理课文脉络，在梳理的过程中了解作者，找出文章的关键词，体会文章的行文思路，明确作者的谋篇布局。在梳理文章脉络，绘制思维导图的过程中也加深了对文本的理解，深刻体会到作者的写作主旨。

3. 简化教学步骤，优化学习方法

一般而言，教师严格依据“课前备课、写教案，课中导入、讲解、提问、巩固、板书、作业布置，课后写反思”的教学步骤完成授课，其中教案的撰写需要教师在分析文本、分析学生学情、分析课程目标后完整地呈现，耗费时间较长，更有甚者，为了完成写教案的任务而写教案，得不偿失。将思维导图运用到小学语文阅读教学中，首先，教师能够减少撰写教案的时间，增加了自我思考的空间，将教案中需要呈现的部分简明扼要呈现在思维导图上，简化了备课步骤。其次，在课中围绕着关键词展开提问，引导学生探究问题，将讲解、提问与板书融为一体，能够简化课上教学的步骤。最后，课后可以依据同学们的反馈对思维导图进行完善，教学反思通过关键词呈现出来，提高教学的效率。当前语文阅读课堂的常态是采用讲授法，教师在课堂上滔滔不绝，向学生灌输自己对文本的理解和需要掌握的知识点，学生被动接受教师讲授的内容，很少表达自己的思考与想法，真正参与课堂的机会微乎其微。长此以往，学生缺乏自己独立的思考，对阅读学习提不起兴趣，不利于学生的阅读学习，不利于学生阅读能力的提高，不利于学生的终身学习，更不利于学生的全面发展。

运用思维导图进行阅读教学，不仅促进师生之间的交流与沟通，活跃课堂气氛，促进互动课堂的生成，还有利于学生掌握新的阅读方法，优化阅读学习。在运用思维导图进行阅读教学，学生是主体，教师则是引导者、辅助者。教师给出与文章相关的关键词和精心设计的问题，通过生生合作、师生合作等方式引导学生探究问题，针对问题对文本进行信息筛选后整合绘制思维导图，师生间交流想法，课堂教学由从传统的讲授教学转变为探究教学，优化了学习方法，对教师和学生的学习效率都有显著的提升作用。

4. 提高识记效率，促进课后迁移

在小学语文阅读教学中，需要学生背诵的课文和知识点繁多，若采取死记硬背的方式，花费时间长，遗忘速度快，效率低下，加重学生的学习负担，久而久之，学生对背诵产生恐惧心理，最终形成恶性循环。思维导图将文字与图画相结合，学生对图画产生视觉感知，快速记住图画的内容，识记事半功倍。有些学生在背诵课文时经常会出现句子遗漏、顺序出错等问题，思维导图通过关键字词和逻辑分支能够帮助学生快速记住课文段落与段落，理解句子与句子之间的逻辑关系。学生运用思维导图将背诵的内容所描绘的意象画出来，将内容要点通过关键词和逻辑分支体现出来，学生通过图像、关键词与逻辑分支的提醒，就能快速背诵，提高识记的效率。

小学语文课程标准中要求拓展学生的阅读面，课外阅读总量不少于 100 万字。课外阅读的任务较为繁重，若没有掌握好阅读方法，课外阅读失去教师的指导，学生课外阅读的效率则会不尽如人意。将思维导图迁移到学生课外阅读中是提高学生课外阅读效率的办法之一。学生掌握了思维导图这一辅助性工具后，在阅读过程中能够自主整理并绘制出相应的思维导图。同时，在整理的过程中能够对整篇文章或整本书的脉络较为熟悉，及时补充整理，遇到同种类型的文章依据先前的思路学习整理，举一反三，促进知识迁移，提高课后学习的效率。比如在阅读《鲁滨孙漂流记》时，学生从鲁滨孙历险、在荒岛的生活状态以及对这本书的理性思考与心得进行整理，并通过思维导图展示出来，简单高效。

学生将思维导图运用到阅读学习中，在梳理文章线索脉络与绘制思维导图的过程中，学生对文章进行了有意识记，能够轻松应对背诵，强化大脑识记。不仅如此，还能够将思维导图运用在小学语文其他方面，如识字、作文等，掌握了学习方法后，促进知识的内化与迁移。

（二）思维导图在思维培养中的价值

《全日制语文课程标准》明确提出，语文课程不仅需要传授学生语文知识，更应该激发学生正确的价值观，培养学生语感，发展学生思维，引导学生掌握语文学习方法，养成良好学习习惯，具备实际所需的识字写字能力、阅读能力、写作能力、口语交际能力。此外，还应关注学生思维的发展，在教学中尤其要重视培养良好的语感和整体把握的能力。由此可见，新课标中对发展学生思维提出了明确的要求，但在实际教学中，教师更侧重于对具体知识点的讲授，忽视培养和训练学生的思维，学生思维能力的提升效果不明显。小学语文阅读教学是培养和训练学生思维与能力的极佳途径，能够有效培养和训练学生的整合思维、发散思维、逻辑思维和创新思维，提高学生思维能力，为学生日后的语文学习奠定思维基础。

1. 培育整合思维，构建阅读体系

整合思维最初由罗杰·马丁教授在《整合思维》一书中提出："领导者制胜的法宝在于整合思维—即头脑中同时处理两种相互对立的观点，并从中得出汇集两方优势的解决方案的能力。""整合"就在于先整理，后合并，形成整体，整理的过程就是筛选信息的过程。筛选文章的有效信息，学生首先要明确阅读的目标和任务，其次阅读并理解相关的材料，然后从中挑选出相关的内容编排组织，最后整理和归纳。使用思维导图进行阅读教学时，让学生有目的性阅读，自己寻找文章的核心词，筛选相关的内容进行总结概括，而思维导图简洁高效的特性要求学生绘制思维导图时需要用精练的词语呈现出来，在一定程度上能够帮助教师培养学生的整合思维。

学生在阅读学习的过程中会接触大量的阅读知识点，如描写手法、表现手法、文学体裁、古诗文赏析等，通过较长时间学习后，学生梳理语文阅读知识点脉络并将其整理为直观清晰的知识点思维导图，不断整合完善，从而构建起全面的阅读体系。例如阅读中涉及的人物关系与形象分析，在阅读过相关文章后，可以归纳为人物的外在形象和内在形象，外在形象又可以从外貌、语言、动作中表现出来，而内在形象则可以从理想、志趣、人生态度、人生经历等体现出来，以此整理成思维导图，搭建起阅读中分析人物形象的体系，在整理的过程中又反过来促进了整合思维的发展。

2. 训练发散思维，提高阅读兴趣

思维导图常见类型是树状图和气泡图，两者往往以发散样式呈现，学生在绘制思维导图的过程中受到问题驱动，根据不同的问题和关键词发散出不同的思路。学生在阅读过程中根据关键词生成多方面的逻辑分支，逻辑分支向下继续发散。在阅读课堂上，教师受到课堂时间的限制往往对本文的解读集中在某一些教学重难点上，但俗话说“一千个读者就有一千个哈姆雷特”，每个学生对阅读文本都有自己感兴趣的部分，有的可能对故事的情节、情感比较感兴趣。有的或许对文章的叙述方式、表达技巧比较感兴趣。教师可以引导学生联想思考，找出自己感兴趣的部分，利用课余时间查阅相关的资料，多角度探究文本，对文本进行多元解读，并以思维导图的方式呈现出来。

课外阅读也不容忽视，教师教授完新课后，可以根据作者或者根据文本的情感价值取向推荐相类似的文章，激发学生阅读的兴趣，要求学生以作者或者以文章主题为中心词进行拓展阅读，也可引导学生对同一作者的不同作品进行对比探究，并自由绘制思维导图，激发学生的发散思维。例如，在古代诗歌中常见的题材有山水田园诗、边塞征战诗、羁旅思乡诗、托物言志诗、赠友送别诗、哲理诗、闺怨诗等，学生依据不同的题材会联想到学过的一些诗歌属于哪种题材，例如山水田园诗就可以联想到刘禹锡的《望洞庭》等，古诗中常见的情感有忧国伤时、思乡怀人、建功报国、离别愁绪等，其中思乡怀人又可以分为羁旅愁思、思念亲友、边关思乡、闺中怀人等，再以此发散到具体的诗歌，由点到线，由线到面，由面到体，从横向和纵向训练学生的发散思维，激发学生的求知欲和阅读兴趣。

3. 发展创新思维，增添阅读想象

创新思维是指以新颖独创的方法解决问题的思维过程，通过这种思维能突破常规思维的界限，以超常规甚至反常规的方法、视角去思考问题，提出与众不同的解决方案，从而产生新颖的、独到的、有社会意义的思维成果。由此可见，创新思维最大特点就在其差异性。首先，在阅读课堂中引入思维导图辅助阅读教学，教师需要对教学内容精确把握，在此基础上精心设计教案，绘制相关的思维导图，融入个人风格，能够充分激发教师教学的创造性，提高教案设计的质量，促进教师的专业成长。其次，思维导图将文字与图像相结合，学生结合教师所提出的阅读要求，在绘制思维导图的过程中，具有个人独特的绘制风格，绘制出的思维导图各不相同，一定程度上能够发展学生的创新思维。最后，课堂上教师给出相应的关键词后，学生围绕着关键词从各个层面展开，需要依据文本和发挥想象进行创新。例如讲到桥的时候，学生会联想到关于桥的词语、成语、古诗、歇后语，以及四大名桥、桥的种类、桥的形状、有关桥的故事，等等，绘制出的思维导图也各不相同，充分体现了学生的创新思维。

创新思维的发展离不开想象，想象反过来又能推动创新思维的发展。教师在进行阅读教学时要注意引导学生的想象，在示范绘制思维导图时注意留白，激发学生积极主动的想象、创新思维活动。评价学生的思维导图时，提出适当的建议，学生自行修改。例如《雪孩子》这篇童话讲述了这么一个故事。冬天白兔妈妈有事出门，小白兔吵嚷着也要去，兔妈妈堆了一个雪孩子陪它玩。后来，小白兔睡觉时，火烧着了小白兔的房子，雪孩子为救小白兔，奋不顾身地冲进了房子从大火中救出了小白兔。在整个教学的过程中，对学生绘制的思维导图适当提问，如："小白兔与雪孩子玩耍时，除了唱歌、跳舞，它们还会做什么呢？""如果你是雪孩子，面对大火，你会想出什么办法？"引导学生充分发挥想象，改编故事。在小学阅读中，有许多的寓言、童话、故事体裁的文本，在学习的过程中教师应注意引导学生，绘制的思维导图多一些留白，让学生自由发挥，插上想象的翅膀。

4. 聚焦逻辑思维，提升阅读品质

逻辑思维又称为抽象思维，人们在认识的过程中，借助概念、已有的知识经验，通过判断、推理、概括等方式揭示事物本质，表达认识现实的结果。思维导图的逻辑分支是必不可少的部分，绘制思维导图时，课文的逻辑脉络跃然纸上，由隐性转变为显性。在语文阅读中，常见的逻辑思维方法有归纳演绎法、分析综合法、比较分析法、因果分析法、逆向思维法、抽象概括法。学生长时间的积累后，分析、综合、抽象、概括、归纳、比较、逆向等逻辑思维能力也得以提升。学生的逻辑思维培养不是一蹴而就的，教师在阅读中循序渐进培养学生的逻辑思维，运用思维导图解读文本，提炼关键词、建立逻辑分支的过程即聚焦培养逻辑思维的过程。

聚焦逻辑思维时，教师在阅读教学中首先要把握重点，引导学生从结论到原因反向推理，从现象认识到本质认知，发现其中的逻辑关系；其次根据具体课文篇目在具体情境中自主梳理文章的逻辑脉络，实现从具体到抽象的过程；最后掌握逻辑思维的方式后，迁移运用到更多的自主阅读中，做到真正的内化。学生不仅能够运用在阅读中，在写作中也事半功倍，行文逻辑更为清晰。借助思维导图分析议论文、说明文是聚焦培养学生逻辑思维能力的重要路径。例如《珍珠鸟》这篇课文，学生可以根据课文的中心句提炼总结关键词，在此过程中，学生的逻辑思维能力得到训练，也学习到可以从动物的形态特点、生活习性等方面依次展开介绍。同时，还可以帮助学生及时发现逻辑思维过程中的遗漏和不妥之处，在阅读中不仅仅理解了本文，更加深层次掌握思维的方法，阅读品质以提升。

总而言之，思维导图在小学语文阅读教学中有知识学习与思维提升两方面的应用价值。在教师阅读教学上，运用思维导图可以帮助教师明确教学内容，理清教学思路，简化教学步骤，促进课后迁移；在学生阅读学习上，运用思维导图可以帮助学生梳理文章结构，辅助文本理解，优化学习方法，提高识记效率；而在学生思维的培养与提升上，运用思维导图能够有效培育学生的整合思维，帮助学生构建阅读体系、训练学生的发散思维，提高学生的阅读兴趣、发展学生的创新思维，增添学生的阅读想象以及聚焦逻辑思维，提升学生的阅读品质。因此，思维导图在小学语文阅读教学中具备长足的应用价值，值得一线教师关注。

二、思维导图在小学语文阅读教学中的优化策略

（一）学校为教师运用思维导图进行阅读教学提供条件

1. 构建导图研究平台，促进导图推广运用

目前教师对思维导图的基础理论、运用价值的认知不明晰，一部分原因在于学校未能提供教师全面系统、深入学习与沟通交流的研究平台，教师缺乏系统学习思维导图相关理论知识的渠道，因此学校应积极构建思维导图的研究平台，促进思维导图的推广与运用。

首先，学校应购买思维导图的相关书籍，收入学校图书馆，为广大教师借阅、学习思维导图相关理论提供方便，提高教师在思维导图专业知识方面的素养。

其次，学校可以与研究思维导图的相关高校、相关教师开展合作，组织专家对教师定期进行专业培训与指导，科普思维导图的理论知识与研究进展，为教师运用思维导图指明方向。学校还可以通过定期邀请运用思维导图进行阅读教学方面的专家或教研员，以开展主题讲座、专家沙龙座谈、远程网络学习、示范教学，提供观摩

等形式推动思维导图在小学语文阅读教学中的相关学习与研究。

再次，学校应积极组织有关运用思维导图进行阅读教学的教研活动，给予教师沟通交流的机会。思维导图在小学语文阅读教学中的运用与推广不能仅仅依靠个别教师，而是小学语文教师整个集体的智慧成果。因此，在学校内部应积极开展同一年级、不同年级之间的小学语文教师运用思维导图进行备课、阅读教学的教育教研活动，鼓励优秀教师开展公开课，向其他教师示范。在学校外部，踊跃与运用思维导图进行阅读教学实施较为成功的学校开展交流与合作，取长补短，为思维导图在小学语文阅读教学中的科学运用奠定基础。

最后，学校可以创建思维导图电子资料查阅网站或微信公众号平台，在网站或平台上保存并展示全国小学语文教师运用思维导图进行阅读教学的优秀教学案例。学校可以集思广益，将教师们收集到的优秀教学案例以及平时校内教师上课的优秀案例进行展示，便于相互学习和借鉴。教师也可以将自身运用思维导图进行阅读教学时的困惑进行提问，邀请专家与有经验的小学语文教师答疑解惑，根据教师实际需求提供有针对性的帮助，促进思维导图在小学语文阅读教学中的推广与运用。

（二）加强学校文化建设，给予系统制度保障

学校文化是整个文化的一部分，是社会文化的亚文化。学校文化可以定义为：经过长期发展历史积淀而形成的全校师生的教育实践活动方式及其所创造的成果的总和。这里面同样包含了物质层面（校园建设）、制度层面（各种规章制度）、精神层面和行为层面（师

生的行为举止），而其核心是精神层面中的价值观念、办学思想、教育理念、群体的心理意识等。学校应加强学校文化的制度层面建设，为思维导图在小学语文阅读教学中提供系统的制度保障，同时也为教师运用思维导图进行阅读教学起到一定的监督作用。对教师学习运用思维导图进行系统的考核评比，可以通过公开课、运用思维导图进行阅读教学技能大赛等的形式展示教师的研究运用成果，并组织专家进行公开公正的考核。另一方面，学校应加强学校文化的精神层面和行为层面的建设。在精神层面上，学校还应鼓励教师学习新的教育教学理论，主动尝试并接受学习新的教学方法与教学模式，为思维导图在小学语文阅读教学中的运用营造氛围；在行为层面上，学校引导全体师生，根据本校实际情况开发运用思维导图进行阅读教与学的校本课程和兴趣学习小组，在开发过程中，教师能够全面系统、深入地了解思维导图的基础理论知识与教学实践价值，掌握绘制思维导图的技能与运用策略，学生也能够进一步学习与了解思维导图，在思维导图的绘制与迁移运用上更加得心应手。

（三）教师提高对思维导图的认知、运用与评价能力

1. 明确思维导图理论与价值

（1）学习思维导图专业知识，提升素养

教师对思维导图基础理论知识的掌握是灵活运用思维导图进行阅读教学的前提与基础，教师应努力学习有关思维导图的专业知识。首先，教师应积极阅读思维导图相关著作和文献，全面系统了解思维导图的概念、种类、构成要素、绘制步骤、适用范围、运用原则等，对思维导图的基础知识烂熟于心。其次，教师之间交流心

得与体会，加深对思维导图的理解与运用。最后，教师还可以关注有关思维导图的微信公众号，学习并借鉴其他学校的教学案例，积少成多，并及时总结与反思。

（2）转变教学理念，重视学生思维发展

教师不仅要掌握扎实的思维导图专业知识，更要转变教学理念，着力于学生的思维发展。素质教育要求教师着力于对学生思维与能力的培养，《义务教育语文课程标准》中也指出，学生在理解课文的基础上，进行多角度、有创意的阅读，利用阅读期待、阅读反思与批判等环节，拓展思维空间，提高阅读质量。而不少教师秉持应试教育理念，加之现存的考试制度的引导，在他们看来教学最终的落脚点是让学生掌握知识，因此教师在教学中更关注的是学生对知识的掌握程度而非学生思维能力的发展，基于此，教师应转变传统的阅读教学理念。首先，师应正确认识阅读教学目的，不能局限于学生理解掌握文本内容，阅读学习方法与阅读思维能力也同等重要。其次，教师运用思维导图进行阅读教学，应始终重视以学生为主体，只有调动学生的主观能动性，让学生体验到会思考的积极情绪，学生才能接受并对这种学习方式产生浓厚的兴趣。最后，教师应意识到学生思维的发展不是一朝一夕的，而是长期培养的过程。因此，教师应在阅读教学中增加运用思维导图的次数，而不是运用了几次过后认为效果不明显就放弃运用，只有长期运用思维导图进行阅读教学，才能达到实现培养和训练学生阅读思维能力的目标。

2. 优化思维导图阅读教学设计

（1）提高绘制思维导图技巧，优化思维导图内容设计教师在运用思维导图进行阅读教学的效率低下，重要原因之一在于教师与学生缺乏绘制思维导图的技巧。笔者与教师、学生进行交流得知，教师绘制思维导图耗费时间长的原因在于对绘制思维导图的软件不熟悉、绘制的次数不够，教师可主动搜索绘制软件教程进行学习并增加使用软件的次数，在不断的练习中提高思维导图绘制软件的练习度。思维导图，顾名思义，图是思维导图中必不可少的组成部分，但对于没有美术功底的学生而言，绘制思维导图的困难之一在于画图，因此，教师应了解多数学生的情况，在课前准备印有图案的思维导图给有需要的同学，大大提高学生绘制的效率。

思维导图的绘制水平低下不仅在于绘制时间长，更在于绘制的思维导图内容不当。笔者在调查、访谈以及分析教师与学生的导图作品中发现，教师设计的思维导图存在内容失调，或过繁，或过简，为解决此类问题，教师应做到以下两点：①充分备课，备课是教师上好一节课的前提，涉及研究课程标准、研究教材、研究学生、研究例题习题、研究教法与学法指导、制订教案等方方面面。教师在运用思维导图进行阅读教学时应做好充分的备课准备，在绘制相关思维导图时应考虑到学生学情、教学目标、教法与学法等，对文本深刻解读，明确教学的重难点，将各个要素统筹起来，设计出符合学生发展特点与学习情况、遵循教学内容的内在逻辑的思维导图。②在运用思维导图进行阅读教学的过程中，明确文章的重难点，以核心内容与重点问题为导向。教师在设计思维导图时，不仅是对相关事实的罗列，更要注意内容与内容之间的分级递进关系，紧紧抓住文章的关键点，并精心设计具备内在逻辑的问题引导学生绘制思维导图，发展学生思维。对于明确的有关课文内容的知识，应强调问题设置的系统性与设置性，而对于开放性的问题，教师应鼓励学生发散思维和创新思维，从不同的角度深度思考问题。

（2）灵活运用多种思维导图，调动学生积极参与绘制

思维导图的类型不仅包括树状图、流程图、括号图等常见的形式，还包括气泡图、双重流程图、桥型图等不常见的形式，教师首先应熟悉思维导图的不同类型，再收集运用不同类型的思维导图进行阅读教学的优秀教学案例进行学习，再根据文本内容选择适合的思维导图类型进行阅读教学设计，例如记叙类的文本，若是记事类文本，教学重点自然是事件的起因、经过、结果，运用流程图进行设计绘制，更能够帮助学生梳理事件发生的过程，再如记人类的文本，人物的品质自然是教学的重点，在归纳人物性格品质时，若是个人物，可以用气泡图进行绘制，若有两人进行对比，双重气泡图更为合适，学生也能够明晰两个人物性格的不同点与相同点。因此，教师灵活运用多种类型的思维导图，既要充分了解不同类型思维导图的特点，又要结合具体的文本内容合理选择。

小学语文教学要求教师转变课堂教学模式，突出学生的主体地位，教师应调动学生积极参与导图的绘制。目前多数教师采取教师示范绘制思维导图的方式进行阅读教学，学生缺乏真正思考的过程，一味模仿教师的成果。教师应当给予学生充分的思考时间，采用不同的绘制形式引导学生绘制思维导图，减少学生对教师的依赖性，充分发挥学生的主观能动性。在初期阶段，教师可适当示范绘制思维导图，为学生快速熟悉维导图提供方便，等到学生充分了解并学

会运用后，教师应采取师生合作绘制、生生合作绘制、学生独立绘制等多元化方式，给予学生交流的机会，进行思想的碰撞，也可展示学生绘制的优秀的思维导图作品。

（3）关注学生差异性，及时提供针对性指导

教师在设计思维导图的绘制目标时应充分考虑同一学段学生之间的差异性以及不同学段之间学生的差异性，对中低年级的学生以及语文基础薄弱的学生绘制的思维导图要求降低一些，引导学生理解思维导图。同时，辅助学生绘制思维导图，在关键词、逻辑分支的确立上教师及时给予一定的帮助，辅助或者指导学生参考一些优秀的思维导图作品，让学生在参考的过程中掌握绘制的技巧。而对于高年级段的学生、语文基础较好的学生要求可提高一些，鼓励学生独立绘制思维导图，关注其逻辑性与创造性。

无论是绘制过程中还是绘制结束后，教师及时有效的反馈与指导都是提高学生思维导图作品质量的有效路径。课堂时间有限，因此教师应该选取不同层次学生的作品进行展示，课后可以采取生生互助、师生互助的形式，对课堂中未被指导的学生进行及时的、针对性的指导。总而言之，对学生绘制思维导图的指导要做到及时和针对性，课堂中绘制的思维导图课后及时批改并给子反馈，而课后学生绘制的思维导图，可以每隔一段时间集中指导学生，并为学生答疑解惑。

3. 建立完善的思维导图评价系统

（1）提高评价频率，评价主体多元化

笔者通过与同行教师交流后发现，多数教师都表示思维导图评

价的方式较为单一。学生阅读导图作品由教师一人评价为主，但教师平时教学任务重，多数教师阅读课堂上受到时间限制不能一评价学生，挪不出时间评价学生导图，为更好解决此类问题，对学生阅读思维导图作品的评价方式和评价主体需要实现多元化。学生阅读思维导图作品的评价不仅需要教师的指导，也需要学生的积极尝试，应将教师评价、学生之间的评价以及学生自我的评价相结合。在阅读课堂上，教师可以采取小组评价的方式，小组之间的分工要同质，组内选取绘制思维导图能力较强的学生作为组长，带领组内成员讨论小组绘制的导图作品存在的优点与缺点，教师视课堂教学时间随机选取小组进行指导。这样，学生能够得到同伴的评价与建议，在一定程度上也提高了学生的参与感。对于学生课后思维导图作品，教师在评价的过程中要发挥组织与引导作用，在班级里建立思维导图展示角，将学生绘制的导图作品进行陈列，由学生选出喜爱的优秀作品上传至微信公众平台，以供学生随时查阅学习。同时，教师应定时让学生展示课外绘制的思维导图作品，学生讲述绘制的过程与设计的原因，再由教师、学生共同评价。

（2）建立评价标准，评价内容具体化

制订评价标准后，学生与教师的评价就有据可依，学生与教师能够对照评价标准参与其中，有了明确的评价标准，学生与教师对作品的评价内容就能够具体化、针对性地提出建议。同时，考虑到学生的差异性，制定的评价标准需要灵活变通，不同层次学生的要求可以实现差异化，绘制导图水平较高的学生应着重看导图“神”的品质，而绘制水平较低的学生，可以降低一些标准，先从导图“形”

的品质出发，再逐渐评价导图“神”方面的品质，最终实现评价的积极作用，帮助学生提高思维导图的绘制水平。

4. 引导学生自我建构高质思维导图

（1）增强学生心理认同，调动学生运用意愿

教师在阅读课堂上运用思维导图进行教学，最终是落实在学生身上，只有学生真正掌握了思维导图，运用思维导图进行阅读学习或迁移至语文其他方面的学习，才能使思维导图发挥出真正的效果与价值。学生必须对思维导图在心理上产生认同感，认可思维导图的价值，才能在思想、行动等方面接受思维导图。首先，教师在运用思维导图进行阅读教学时，向学生明确运用思维导图的目的和作用，传授学生绘制思维导图的技巧，学生对思维导图能够有正确的认识，从心理上减少抵触感。其次，教师要善于激起学生运用思维导图进行阅读学习的兴趣，在课堂上需要保证学生的参与度，创设必要的情境，让学生能够积极参与其中。最后，教师需要保证思维导图内容的实用性，考虑广大学生的学习能力，思维导图的设置不宜过于复杂，保证多数学生能够绘制出思维导图，保持学生绘制的热情。

（2）科学辅导学生绘制，提高学生作品质量

学生绘制的思维导图质量不高，究其原因，一是学生的思维发展不够成熟，对学生要求过高则会导致学生绘制思维导图时无从下手，久而久之，学生会过度依赖他人的指导，自身独立绘制的思维导图问题不断；二是学生对思维导图的认识不够全面准确。因此，教师应发挥指导者的作用，科学辅导学生绘制高质量的导图作品。

首先，针对学生作品千篇一律，缺乏个人思考，个人风格不明显的问题，教师应注意结合学生的认知情况，留有空白，让学生自主思考，万不可将思维导图直接呈现给学生。这样可以减少学生对教师的依赖性，也有利于发展学生的创新思维，形成个人风格。其次，针对学生思维导图作品内容缺乏逻辑性的问题，教师可以与学生一起确定核心主题词。学生在一级分支的确立上存在较大困难，教师应充分发挥指导作用，师生合作共同确定向下的分支则可交由学生独立思考并绘制。最后，针对不同层次学生作品质量相差较大的问题，可以根据不同层次学生的认知水平与绘制能力，制定不同的绘制目标。例如，在语文阅读上较为薄弱的学生，降低学生绘制要求，提供学生优秀的思维导图示范，让学生能够充分利用示范增加对课文的理解；而对于语文阅读能力较强，绘制能力也较强的学生，提高绘制的目标，同时教师应鼓励这类学生帮助其他同学共同进步。

（3）提高学生完善意识，引导学生迁移运用

笔者在与学生的交流中得知，鲜有学生有意识地对课堂中绘制的思维导图进行修改完善，因此教师应向学生强调修改完善思维导图的重要性，提高学生修改完善自我导图作品的意识。第一，在绘制初期，教师应明确修改完善阅读课堂上的思维导图要求，并对此进行检查。第二，教师应给予学生对话交流的机会，让学生指出自己或他人作品需要修改完善的地方，为进一步的修改完善提供方向。第三，教师可以适当设置阅读思维导图“对比”大赛，所谓的对比，即学生作品的前后对比，将学生第一次绘制的思维导图作品与修改完善后的思维导图作品同时展示，由学生自己投票选出进步较大的

学生若干，教师适当给予一定奖励，鼓励更多的学生向他学习。

学生在语文学习的其他方面未能够迁移运用思维导图，主要原因有二：一是学生未能真正掌握思维导图学习方法，因此运用到写作、复习、课外阅读等其他方面困难重重；二是学生迁移运用知识的意识较为薄弱，教师的引导也尚显不足。因此，教师在阅读教学中应注意引导学生真正掌握绘制思维导图的技巧，学会灵活运用思维导图辅助学习。在写作课堂上，教师依据写作内容自由运用思维导图，让学生知晓在写作学习上思维导图也能够给他们带来帮助，在复习上适当引导学生运用思维导图总结语文知识点，在课外阅读中指导学生运用思维导图，让学生充分感受到思维导图的有效性与便捷性，促进学生课后运用迁移。

第四章　小学语文习作教学

第一节　习作教学的目标和理念

一、习作教学的目标

总目标：能具体明确、文从字顺地表达自己的见闻、体验和想法；能根据需要，运用常见的表达方式写作，发展书面语言运用能力。

具体目标如下。

第一学段（1～2 年级）

对写话有兴趣，留心周围事物，写自己想说的话，写想象中的事物。

在写话中乐于运用阅读和生活中学到的词语。

根据表达的需要，学习使用逗号、句号、问号、感叹号。

第二学段（3～4 年级）

乐于书面表达，增强习作的自信心；愿意与他人分享习作的快乐。

观察周围世界，能不拘形式地写下自己的见闻、感受和想象，能把自己觉得新奇有趣或印象最深、最受感动的内容写清楚。

能用简短的书信、便条与人交流。

尝试在习作中运用自己平时积累的语言材料，特别是有新鲜感的词句。

学习修改习作中有明显错误的词句；根据表达的需要，正确使用冒号、引号等标点符号。

课内习作每学年16次左右。

第三学段（5～6年级）

懂得写作是为了自我表达和与人交流。

养成留心观察周围事物的习惯，有意识地丰富自己的见闻，珍视个人的独特感受，积累习作素材。

能写简单的纪实作文和想象作文，内容具体，感情真实；能根据内容表达的需要，分段表述；学写读书笔记，学写常见应用文。

修改自己的习作，并主动与他人交换修改，做到语句通顺，行款正确，书写规范、整洁；可根据表达需要，正确使用常用的标点符号。

习作要有一定速度；课内习作每学年16次左右。

综合以上三个学段的不同的标准可以看出，课程标准的要求主要表现在：作文培养目标上，重视学生写作意识的培养和个性发展，强调人文合一；习作教学方式上，重视学生的人文精神和人文素养的培养，强调体会人生，唤醒生命，培养人格，用创造性思维去激发学生的创新作文，鼓励他们敢于思维，敢于标新立异，培养创新意识和大胆的创新精神；习作内容上，强调贴近学生生活实际，鼓励学生参与生活、感悟生活，在生活中学会观察、学会发现、学会创造、扩大视野、增进积累、激活思考、发展能力。

此外，各个阶段的目标层次清楚，从“写自己想说的话”到“不拘形式地写下见闻、感受和想象”再到“能写简单的纪实作文和想象作文”“学写读书笔记和常见应用文”，呈坡度缓升，降低了起始阶段的难度，强调写“放胆文”。在写作的一般要求上比过去有所放宽。

二、习作教学的理念

在新课程标准的指导下，习作教学要以新的理念来指导，以便明确现代习作教学的价值取向，深化对习作教学过程的理解，提高习作教学的质量。

（一）重视写作情感态度的培养

现代心理学研究表明：情感因素是人们接收信息渠道的阀门，积极的情感态度是学生活动的“能源”和“动机”。新课程标准提出的三维目标中，把关注人的情感、态度、价值观放在首位，因此，习作教学要重视学生写作兴趣和自信心的培养，并从目标的制订到教学、评价等方面予以落实。①

（二）重视语言表达能力的培养

人们在日常生活和工作中离不开用口头或书面的形式来表达自己的思想情感。因此，习作教学除了促进学生观察和想象的能力，加深对生活的认识，培养丰富的感情、良好的道德品质之外，还要提高学生分析、理解能力及语言文字的表达能力。

（三）重视创新精神和创新能力的培养

习作教学要从培养学生的观察能力入手，要注意培养学生创新精神和创新能力。在习作教学中，教师要引导学生细心地

①李凤娇. 小学语文习作深度教学研究[D]. 济南：山东师范大学，2022.

观察周围生活、观察自然、观察社会，激发他们用自己的眼光去看，用自己的大脑去想，摆脱已有的束缚，大胆地写自己的所见所闻、所思所感，培养求新立异的精神和创造性的思维能力。

（四）重视发展个性，提高思想认识

“个性”，是文章的灵魂；“表现个性”，是写作的动力；“解放个性、发展个性”，是习作教学的重要目标。习作教学环境则是发展个性的基本条件和决定因素。所以教师在习作教学时应该让学生成为课堂的主人，让他们自己来表述，张扬自己的个性，在表现自己个性的同时提高自己的思想认识。教师要通过学生的作文来了解学生心理世界，把握他们的思想脉搏，从而有针对性地因势利导，逐步提高学生的思想认识，把教学生作文和教学生做人有机地结合起来。

（五）重视培养学生良好的写作习惯

良好的作文习惯，主要包括平时细心观察，认真思考，勤于动笔的习惯。作文前应该认真地构思，总体上把握；作文时书写工整，不要写错别字，正确运用标点符号：作文后修改自己的习作，并主动与他人交换修改，做到语句通顺，行款正确，书写规范、整洁。这些习惯，都要从作文训练开始时就注意培养，以便让学生终身受益和发展。

第二节　习作教学程序

习作教学是一个系统的、有序的、长期的训练过程，不同的学段有不同的训练重点，因此，平时一次又一次的作文练习必不可少，只有反复训练，才能达到各个学段应该达到的课程目标。

一、习作教学的一般程序

整个小学阶段写作过程应该是由说到写的过程，首先从低学段的写话开始，引导学生放开思路，不拘形式地自由表达，从而实现由句到段、到篇的作文。

（一）第一学段着重练习写话

写话，就是把自己想说的话写出来，它是最初的、最基本的训练。一般一年级上学期练习说话，下学期开始练习写话，用说话作为作文训练的开始，让学生由说话到写话不断进步，引导学生不自觉地走上习作之路。

1. 引导学生从说话开始

叶圣陶先生说："作文其实就是说自己的话，即用笔在纸上说自己的话。"习作教学是先用嘴作文，然后才是书面作文。入学以前，孩子们都会说话了，有的小嘴还挺乖巧的；入学后，知识、见识与日俱增，"说"也就越发"滔滔不绝"了。我们习作教学要充分利用各种条件，不断开发学生"说"的能力。

2. 激发学生的写话兴趣

所谓"激发写话兴趣"，就是面对事物时，教师要诱发学生的好奇心，激发学生的参与欲望，让他们带着一种高涨和激动的情绪参与并思考。同时，教师还要注意消除他们的畏惧心理，使他们感到：把自己想要说的话写下来告诉别人是一种很有意思的事，是一种快乐。

3. 引导学生写自己想说的话，写想象中的事物

现在的学生都有自己的特点和爱好，习作教学就要充分利用学生的这种心理，激发他们表现自己的欲望，引导他们把自己想象的事说出来和写出来，写出自己对周围事物的认识和感受，从而使自己的知识和思维由基础型走向发展型。

4. 培养学生“学”和“用”的意识

培养学生“学”和“用”的意识，是指在写作中培养学生运用平时积累的词语和其他语言材料的意识和习惯。任何文章都是由词和句组成的，词和句是文章的“血液”，只有把词运用得准确无误，把句子说得清楚明白，文章才能达到表情达意的目的。而对于初学写作的第一学段的学生，教师一定要引导他们在基础的语句上下功夫，启发他们在写话中愉快地运用阅读读过的和生活中学过的词语。

（二）第二学段继续鼓励学生自由表现，训练习作

与第一学段相比，第二学段进行习作训练，除继续激发学生表达自己，保持对作文的兴趣之外，一要强化学生留心周围事物，乐于书面表达，增强习作的自信心，并突破课文范围，能不拘形式地写下见闻、感受和想象，表达自己觉得新奇有趣的或印象最深、最受感动的内容；二要鼓励他们在课堂或课外将自己的习作读给别人听，与他人分享习作的快乐，尽可能地为学生提供更多的能用简短

的书信便条进行书面交际的机会，唤起他们尝试在习作中运用自己平时积累的语言材料，特别是唤起他们使用新鲜感的词句的欲望。同时，第二学段习作教学在语言表达上，要求语句通顺流畅，意思清楚明白；学生能够自己修改习作中有明显错误的句子，根据表达的需要，使用冒号、引号等标点符号。

（三）第三学段着重练习写成篇的作文

在第一、二学段学生练习了自由表达的习作后，第三学段要求学生练写成篇的作文。这一学段应要求学生贴近生活实际、关注现实、热爱生活，这样可使学生积累素材、丰富体验，作文时易于动笔、乐于表情达意；要尽可能地减少对学生的束缚，鼓励自由表达和创意的表达，但要把“围绕一个主要意思写”和“要有一定的条理”作为训练的重点。

第三学段应该要求学生注意取材、构思、起草、加工等环节，让他们在写作实践中学会写作，并提高自己对生活的认识和把握，重视对作文的修改。在具体写一篇作文时，要适当讲究文章的立意和布局，适当讲究材料的剪裁。要求他们明确写这篇作文的目的是告诉别人一个什么意思。在立意之后要考虑选取什么材料最合适，然后选择什么顺序写下来。通过这些练习，使学生明白如果把一篇作文比喻成一个人，那么题目是“眼睛”，中心是“心脏”，结构是“骨架”，材料是“肌肉”，语言是“血液”，这几者缺一不可。除此之外，还要能在40分钟内能完成不少于400字的习作。

以上三个学段习作教学过程的安排，体现了可能性和必要性的结合：“可能性”指的是小学生的语言发展和思维发展的实际；“必要性”指的是小学语文教学目的要求。整个小学阶段的作文学习，是一个从激发兴趣、不拘形式地表达到能写成篇作文的过程，也是从一个放开到收拢的过程。我们教学应该注意培养学生的思维由发散到规范，习作教学要沿着从口头语言的表达到书面语言的表达，从能用说话、写话表现自己到写成篇作文的教学规律前进。不能急于求成，对学生应多鼓励少批评，使他们由怕作文到较为自觉地作文，最后达到喜欢作文的目的。可以说，学生喜欢作文就是我们习作教学的最大丰收。

二、一次习作教学的过程

每次习作教学的过程，都是师生之间的双向交流的过程，只有把教师的“教”和学生的“学”有机地结合起来，才能达到习作教学的目的。在实际习作教学中，许多老师认真地指导，但是学生往往没有很好掌握，原因是多方面的，既有老师脱离了学生的生活实际，过高地提出了要求的因素，也有学生不注意平时的积累，总是“临时抱佛脚”的因素。

要想学生能写出真情实感，必须要求学生平时不断地积累素材，做好作文前的准备。写成文之后要仔细检查和总结自己作文的得失，一次完整的作文训练，学生一般要经过“准备—表达—修改—总结”这几个环节。教师的工作不仅仅局限于课堂 40 分钟，在作文指导前不仅要钻研教材，更要钻研学生，了解学生之所想，把课本中安排的作文训练和我们学生的生活实际结合起来，科学地组织作文训练。对于教师来说，一次成功的作文训练必须经历“了解—准备—作前指导—

批改—讲评”这五个环节，如此才能将习作课落到实处。[①]

第三节 习作教学类型

小学生要学习写不同类型的作文。不同类型的作文训练具有各自不同的教学特点，老师只有掌握了不同类型作文的教学特点，才能行之有效地对学生进行训练。

一、简单纪实作文的教学

纪实作文就是如实地写人、记事、写景、状物的作文，如记叙文和说明文。进行纪实作文的训练，就是要求学生写真实的内容，培养他们写实的本领，也就是培养他们对生活和学习的“再现力”。纪实作文训练的方式有很多种，而最常见的有观察写话，片段素描，听写故事，口述课文，根据命题写纪实作文，自拟题目作文，缩写、改写、仿写、扩写、续写等。

（一）观察写话

观察写话就是引导学生把生活中观察所得写下来，写出自己对周围事物的认识和感想，鼓励学生运用阅读和生活中学到的词语。观察写话，可分为观察图画写话和观察生活中的事物写话。

1. 观察图画写话

观察图画写话，主要是把图上自己观察的内容写下来。一幅好的图画，是作者对生活反复观察、体验、分析，经过周密思考，最能反映特定主题和思想。因此，看图作文，对引导学生学会如何观

[①]李玉勤. 小学习作教学的突围与实践[M]. 芜湖:安徽师范大学出版社,2018.

察、体验、分析现实生活，如何选材、组材、确定中心都有一定的作用。观察图画写话对于第一学段的学生来说，一般是先看一幅画写一句话，然后要求用完整的句子写出图意。图可以是课外的简单的画，也可以是课本中单元练习的插图。随着年级的升高，则可以选择多幅图写话，先让学生粗略地把每幅图看一看，大致了解几幅图表达的整体意思，再仔细看每幅的内容；每幅图先用一句话表达图意，然后要求把几句表达图意的句子连贯起来。

要组织好写话，必须先选好画。选择的画首先要健康，贴近学生生活，学生容易理解。可以让学生从家中的报纸、画册或课外读物中选择自己最感兴趣的图画；还可以让学生自己手工操作，先画画、剪贴，再写出图意。

2. 观察生活中的事物写话

引导学生观察生活中的事物写话，开始要让他们观察单一的、特点比较明显的事物，让学生先感知事物，然后说出来、写出来，最后再扩展到比较复杂的事物，培养学生区别和抓住各种事物特点的能力。观察事物可以在课堂上进行，老师把事先准备好的实物展示出来，再让学生在课堂观察，展开议论，也可以带学生到课外现场观察实物。教师要注意尽可能给学生提供表达的机会，让他们有观就有感，有感就表达。

（二）片段素描

写作中的片段素描就像画画中的素描一样，它是第二学段的学生练习写实能力的有效形式。这种形式是借鉴美术教学的经验而创造出来的。具体操作是先引导学生观察事物和活动，然后根据自己的观察，把观察对象叙述和描写出来，不要求全篇，可以是片段。片段素描一般从单个静物开始，如文具、玩具、劳动工具、自己动手做的工艺品等。随着年级的增高，到了中年级片段练习的内容可以广泛一些，可以描写人物、景物和场面等。让学生写片段，可以采用看图写片段、做实验写片段、手工劳动写片段、创设情境写片段等多种训练方式。老师以学生熟悉的生活为题材，提出范围，让学生练习写片段。

片段素描要求有具体的计划和目标，注意读写结合，从描和仿入手。此外进行片段训练，还要注意引导学生准确用词，生动用句，从而使他们找到恰当的语句来表达。既可在课内，也可在课外。在课堂进行，要注意以下几个阶段：①启发引导。重视激发兴趣，拓展思路。②要求写作。写作时间应该有限制，以便训练学生敏捷的思维能力。③互相交流。学生在写的时候，老师要走进学生中去指导观察，了解情况，以便把优秀的和一般的作文相比较，让学生取长补短，互相学习。④表现激励。多肯定学生的长处，尽力找到他们作文中的闪光点，以便激励学生更好地发展。⑤要求修改。在课堂外进行，可以对写作思路进行沉淀，可以更从容地对语句进行润色，当然这一切都离不开老师的引导。

（三）听写故事

教师在课堂上用生动的语言讲述一个故事，并在黑板上写出故事中的人物和地点，然后让学生用书面语言复述这个故事，这种练习可以训练学生听说和记忆的能力，并在口语的基础上学习书面语言，但是这种练习一般适用于低年级。

（四）口述课文

口述课文也属于纪实作文的教学，一般用于故事性强的叙事作品，可分为详细口述、简要口述、摘要口述、综合口述等几种。虽然作品中的事不是在我们学生的生活中发生的，但是这种作文练习可以使学生加深对课文的了解，掌握课文的思想内容和写作方法，并能丰富词语，熟悉语言结构，同时可以开拓学生的思维。

（五）根据命题写纪实作文

命题作文是指由老师出题，学生按题来作文的练习，通称“大作文”。它的要求是：由学生独立构思写作，内容结构比较完整，有一定的创造性和综合性。采用命题作文的方式，可以把学生的思绪集中起来，便于统一指导和讲评。但其弊端在于：题目由老师出而文章却要学生做，教师出的题目和学生所要表达的思想内容有时不容易取得一致；再加上来自不同家庭的同学，他们有各自的生活经验和兴趣爱好，一个题目要适合每个同学的表达愿望很不容易，如果弄得不好，会损害学生作文的积极性。所以命题作文要尽可能让大部分学生有话可说，要注意从学生实际出发，出一些容易启发学生思考、引起学生联想的题目。

要使命题恰当，就要十分注意命题的范围和根据，这可以从两个方面去考虑：一是结合精读课文教学（也包括其他课文）命题，二是结合学生的生活实际命题。命题的方式主要有以下几种。

1. 统一命题

这种命题方式要尽可能使题目靠近学生的生活积累和思想实际，要让他们感觉到老师要我写的，正是我自己想说出的，不可出难以理解的题目。对初学写作的学生来说，作文题目一定要明确、简洁、新颖，教师不能凭自己的兴趣和爱好随意出题，设置障碍。

2. 半命题

半命题是由教师规定题目的大致范围或有关要求，让学生根据自己的实际，把题目补充完整，然后自由选材作文。如“我喜欢____________”“我学会了____________”让学生自由发挥。例如，“我学会了”的后面可以补上“劳动”“养花”“弹琴”等。

3. 选择题

老师出几个题目供学生选择，对于这些题目要把它们分类，把内容上相互联系的题目放在一起，以便让学生区别对待。例如，同一题材的有：“我们班上的小雷锋”“在她遇到困难的时候”“笑了”等；同一中心的有：“我生病以后”“在我生病的日子里”“妈妈，我忘不了你”等；同一写作重点的有：“心爱的玩具”“我们的教室”“绿色的校园”等。通过归类能使学生学会比较，触类旁通，同时又可以给他们提供选择的机会，使他们能够写出心里话，从而达到作文训练的目的。

不管采用何种方式命题，都应该使作文的题目范围放宽，这样，每个学生都能够在指定的范围内找到自己所要表达的内容。采用命题作文不能对学生要求太高，要淡化“审题”，不要在是否“切题”上过高地要求学生。评议学生的作文，应主要着眼于文章的内容和文字的表达。如果学生写跑题了，也不应一概否定，而应该引导他们根据自己所写的内容，另换一个适合内容的题目。这样，就可以为学生提供一个无拘无束的自我表达的天地，同时又可以加深对题目和作文内容的理解。如果对学生的“审题”和“切题”要求过高，一离题就评学生作文不及格，必然会刺伤学生作文的积极性，约束他们的思维，导致学生作文时谨小慎微，不敢大胆作文，把作文视为畏途。这对发展学生的写作思维是极为不利的，老师要尽力避免这种不利于学生作文的言行。

二、简单想象作文的教学

想象作文侧重练习写想象、幻想中的事物的本领。想象作文与续写、扩写相似，但又有区别：扩写、续写要求是写原文中的人物，而且情节要与原文相契，因而想象在某种程度上受到原文的限制；而想象作文则受限制较少。

小学语文课程要求学生能写简单的记叙文和想象作文；能不拘形式地写下见闻、感受和想象；运用联想和想象，丰富表达内容；激发学生展开想象和幻想，鼓励写想象中的事物；为学生的自主写作提供有利条件和广阔空间，减少对学生写作的束缚，鼓励自由表达和有创意的表达。总的目标是通过想象来作文。在小学语文习作教学中想象作文应该与纪实作文并重。练习写简单的想象作文有多种形式，经常采用看图作文、听声音编故事作文、观察物品作文、新材料编故事作文、读古诗词作文、创造情境作文、假想作文等。

（一）看图作文

这里所说的看图作文，是指看图写想象作文，与前面所说的只要写出画面意思的“观察谈话写话”有区别。图画源于现实生活，它是生活的一个缩影，因此，它的反映只是事物的局部，是一瞬间的情景，并且是平面的、静态的、无声的。要把图画写活、有生气，就要借助想象，想象图中没有画出来的事物，使画面由平面变为立体，由静态化为动态，由无声变成有声。这种作文形式适合小学各个学段的学生。

（二）听声音编故事作文

听音响编故事作文就是借助一定的音乐或声音素材，引导学生展开相关联想，进行编故事。在日常生活中，我们能听到许许多多的声音。声音都与一定事物有关系，这样要求作文，学生非常感兴趣。如让学生听一个没有结尾的故事或听一段没有说明的音乐，然后让其通过想象和联想写出自己的感受；又如放一段鸟儿们及小动物们的鸣叫声，学生可能以“森林王国的故事”“森林法庭内外”等为题编成故事；再如放一段敲门声或脚步声，学生可能会设想“邮递员叔叔来了”“爸爸回来了”等情节。听声音编故事，需要联系实际大胆想象，在什么情况下会发出这几种声音，要尽可能地多想出几种可能性，但这种可能性不能太随意，应有一定的约束，有一定的指向，只有这样才能锻炼学生的想象力和创造力。

（三）观察物品作文

观察物品作文是先观察物品后作文的作文练习，可以在讲台上提供一些文具、生活用品、娱乐玩具，像枪、笔、布娃娃、汽车模型等。如教学《我变成了一棵树》时，可以引导学生经过自由组合，组织学生在操场的树边围成一个小圈，仔细观察树。这种作文练习可以充分地激发学生的想象力。观察物品作文练习在美国一些小学里比较盛行：教师准备一个摸物袋（箱），里面装着玩具、木片、布块、岩石、文具等物件，让学生摸出一件后，围绕所摸物件，联想到跟这物件有关的种种事情，从而形成作文内容。

三、常见应用文写作的教学

应用文是人们在日常生活、学习和工作中广泛应用，具有一定格式的文体。它的教学是小学习作教学的重要组成部分，《语文课程标准》对应用文的习作教学明确提出要求：能用简短的书信便条进行书面交际，学写读书笔记和常见的应用文。根据《语文课程标准》的要求，小学生要学习的应用文主要有请假条、留言条、通知、日记、书信、表扬信、建议书等。我们常见应用文的教学应该注意以下几点。

（一）引导学生掌握应用文的作用、格式、应用范围及应用文特定的惯用词语

应用文是日常生活中常见的文体，各种应用文都有自己的格式，它是人们在长期应用中逐步形成、约定俗成、不能随意变更的。教学时，结合例文对应用文的格式要点要一一讲解，通过反复练习，使知识转化成技能、技巧。要根据应用文的用途，讲清楚为什么要用这样的格式，提醒学生容易忽视的问题，针对他们练习存在的问题进行分析和纠正。例如写日记，有些同学忘记交代日期，只在每则日记开头第一行写“日记”；写通知漏写时间和地点，却要求“准时参加”；还有写书信不知其格式，不知道后面应该署名，信封上收信人和发信人颠倒…… 指导学生写作时，一定要注意引导学生掌握应用文的作用、格式、应用范围及应用文特定的惯用词语。[①]

[①]童晓蓓. 小学语文应用文写作教学研究[D]. 武汉：华中师范大学，2022.

（二）引导学生认识应用文的语言特点

应用文是为了某种特定的需要而写的，有明确的实用性和具体的写作目的，有明确的阅读对象和阅读内容。在引导学生写应用文时，要让他们认识到应用文的语言必须简洁明了、通俗易懂，既不要写多余的话，也不要用深奥难懂的词句，以免发生误会。此外，除了读书笔记、书信和日记之外，其他应用文都不需要描绘事物和抒发感情。

（三）联系实际，学以致用

学生在学习了应用文的写作方法和应该注意的问题后，是否真正掌握，是否能熟练地运用，只有通过实践才能检验出来。在教学时要注意联系实际，要求学生学以致用。教师可以具体设置一些情境，让学生直接介入来练习作文。例如，教师在课堂有意设置不难但学生感兴趣的问题，并把自己的地址或电子邮箱告诉学生，要求学生给老师写一封信。教师在收到后，选择一个适当的时机，对这些信件进行讲评，这样既可以激发学生的兴趣，又可以练习书信的写作。

（四）反复练习，持之以恒

小学生接受知识快，但是忘得也快，他们具有短时记忆的特点，所以要想真正掌握应用文的学习，必须反复练习，练习运用不同的格式及简洁明了的语言来写作应用文。教师要多创造机会让学生练习，例如：学生有事请假，要求学生写请假条：发现好人好事，及时写表扬信；学生在活动中取得成绩，就要求学生写表扬稿：班上有问题要求学生写建议书…… 这样反复练习，持之以恒，不仅可以巩固应用文的教学效果，而且可以全面提高学生的理解能力和表达能力。

第四节　习作教学思维创新

一、思维导图应用在小学语文习作中的价值

（一）思维导图应用在小学语文习作中的可行性

1. 思维导图符合语文学科新课程标准的具体要求

随着我国基础教育理念的不断转变与革新，学科教学标准也在发生着与时俱进的变化。《义务教育语文课程标准（2022 年版）》（以下简称《课程标准》）中明确指出，在大力发展学生语言技能的同时，也要关注学生逻辑思维能力的培养情况，在学科实践学习的过程中，帮助学生养成实事求是、崇尚真知的科学态度。从宏观角度来看，思维导图作为一种可视化的思维工具，其在实践教学中的应用可以带动学生逻辑思维能力的同步发展，符合《课程标准》的基本要求：从微观层面来看，在语文学科教学过程中，从最基础的看图写话到中高学段习作学习，随着学生学习活动的不断深入，思维能力也在不断提升。思维导图作为一种具象化的思维工具，可以帮助学生将抽象的习作思维用图示的方式表示出来，提高学生语言表达能力的逻辑性和连贯性。[①]

2. 思维导图符合学生认知特点的发展需要

皮亚杰认知发展理论认为，小学阶段中高年级的学生正处于形象思维向逻辑思维转变的关键阶段，学生已经具备了基本的逻辑思

[①]赵若男. 运用思维导图优化小学高段习作教学的策略研究[D]. 呼和浩特：内蒙古师范大学，2021.

维能力。随着学生学习活动的不断深入发展，学生的思维灵活性也在不断提高，可以在形象思维的辅助下进行独立思考和逻辑分析。因此，在习作教学中应用思维导图，既可以提高语文教学质量，又可以锻炼学生的概括能力和抽象思维能力。此外，高年级的小学生在语文习作的过程中经常会出现文本逻辑性和结构性欠缺的问题，其根本原因在于学生思维结构不够精细。借助思维导图的学习活动，可以在绘制细化分支的学习中突出习作思路的细节性特征，弥补传统语文习作过程中泛泛而谈的不足。

（二）思维导图在小学语文习作中的应用价值

思维导图教学方式与小学语文习作实际需要之间具有密切的关联，为教师利用思维导图优化语文习作教学提供了有力的抓手和立足点。教师有必要针对思维导图的应用价值和作用进行剖析和探究，以便围绕实际教学需要更好地优化教学设计。

1. 活化思维，明确重点

学生首先应对习作要求有所了解和掌握，在明确中心思想的基础上结合自己的真实情感和感悟进行表达。为此，学生需要围绕习作主题进行多角度发散思维，收集整理习作素材并将其与习作主题进行有机融合。思维导图在学生习作练习中的应用与传统的提纲有着本质的区别，它更突出学生发散性思维的灵活性特点，打破传统习作提纲固定模板的桎梏，学生思维和习作角度更加开阔。借助发散性的思维方式，通过绘制思维导图，学生能明确文本习作的中心思想以及各段结构内容，在保证习作文本逻辑性和连贯性的同时，拓展习作内容空间，活化语言思维能力。

2. 梳理框架，理清思路

思维导图是一种可视化的思维工具，将其与学生语文习作进行有机的融合可以有效促进学生思维逻辑性和连贯性的提升。一些学生习作内容缺乏连贯性的根本因素就是学生缺乏清晰的习作思路，想到哪写到哪。基于思维导图教学方式的应用，学生可以在教师的引领下，围绕语文习作的主题逐步细化习作框架分支和内容，在发散习作思维的同时保障文本框架和结构的逻辑清晰，在不断地练习和实践中逐步形成抽象的逻辑思维能力，为语文习作的提高与发展奠定坚实的思维基础。

3. 审视内容，优化润色

一篇优秀的作文除了具备清晰的框架和脉络结构，还要包含丰富的内容和多种修辞手法，增强文本内容的可读性。小学高年级学生通过长期的学习和积累已经具备了一定的语言表达能力，在日常阅读学习的过程中也积累了丰富的好词佳句，将这些内容有机地融入文本习作中可以大大提高语文习作的质量。借助思维导图，学生可以在梳理出清晰的语篇结构的基础上，在重点分支部分用彩色笔进行标注，根据实际内容需要点缀修辞和引用，借助这种清晰的思维图示对全文结构进行系统审视，在修辞手法和好词佳句的辅助下对全文内容进行润色，使习作内容变得更加饱满。

二、运用思维导图优化小学高段习作教学的策略构建

新课标中指出，语文学科的课程基本理念和课程总体目标内容之一是："努力建设开放而有活力的语文课程。拓宽语文学习和运用的领域，使学生在不同内容和方法的相互交叉、渗透和整合中开

阔视野。在发展语言能力的同时，发展思维能力，学习科学的思想方法，逐步养成实事求是、崇尚真知的科学态度。”随着新课程改革对学生对思维发展的重视，在小学高年段习作教学中引进思维导图作为新型教学手段优化习作教学是一种必然。目前习作的教学理念由功利性向人文性转移，习作不单是一门课程，更是一种能力、一种素养，教学过程也更加关注学生的情感体验和个性表达。针对小学高段习作教学中出现的问题，笔者结合思维导图的特点提出优化小学高段记叙文习作教学的策略构建。

（一）运用思维导图的审美性提升学生的习作兴趣

美国图论学者哈里有一句名言：“千言万语不及一张图。”思维导图的审美性是指思维导图并非仅仅是一些关键词的简单线，导图中都会适当添加图形、代码，设置颜色等，以增加其美观性，颜色可以将一串枯燥无味的信息变成丰富多彩的、便于记忆、有高度关联的图画，可以激发学习动机，使习作教学更加轻松有趣。小学生受认知发展水平的影响，课堂上能够完全专注的时间并不长，只有激发学生的学习积极性，才能使教学活动更为有效开展。思维导图最大的特点就是图文结合，靓丽的色彩、多样化的图案、自由发挥的线条，能习作课从枯燥乏味变得灵活多彩，使学生成为课堂中的小主人，积极主动参与课堂教学。思维导图的形式新颖，利用色彩、图片、关键词、线段等，可以绘制出习作的完整架构。对学生来说习作不再是机械堆砌的文字，而是形象生动有意义的图画。思维导图充分调动学生左右脑的各种感官，使单一的习作教学有了鲜活的生命，打破了以往学生对习作的抗拒心理。

其次，在习作的过程中绘制思维导图，每个学生都可以畅所欲言，只要与习作内容相关的关键词都可以添加到导图中，没有明确的对错之分，这使学生充分表达自己的观点，极大地树立了学生习作的自信心。小学生容易对新鲜的事物感兴趣，思维导图色彩鲜明图文结合的特点符合学生的猎奇心理，将它作为新型的教学手段，可以从源头上提升学生的习作兴趣。

（二）运用思维导图的直观性布局结构框架

思维导图的直观性，是指它首先要有确定的主题，该主题要位于思维导图的中心位置，这样观者可以在第一时间了解创作者的意图。小学高学段的学生仍以形象思维为主，因此在学生习作的过程中，利用思维导图作为优化习作教学的工具，可以辅助学生习作合理布局。既符合小学生身心发展特点，又符合其认知规律。思维导图可以围绕习作教学主题内容和中心思想搭建文章框架，从而能让学生更准确地把握习作内容。

1. 明确导图的主题，搭建整体框架

所谓中心主题，就是整张思维导图要表现的主题。以习作为例，中心主题可能是文章的题目，也可能是文章的中心思想。在绘制思维导图的过程中，明确中心主题可以帮助学生紧扣主题、理清习作的整体思路、把握文章内容要点，使文章的立意更为准确。搭建框架时要根据文章的主题，思考文章主题和素材之间组织方式，考虑习作的中心主线，排列材料顺序，内容详略，开头、经过以及结尾等。这些都要在思维导图中体现出来，有助于学生把握分支之间的逻辑关系，搭建文章结构框架，进而训练学生谋篇布局的能力。

2. 各级分支使用关键词，筛选素材

学生在习作的过程中最关键的一步就是素材的筛选与整理。思维导图正是解决学生在习作中主题选材局限平庸这一问题行之有效的方式。思维导图为文章搭建整体框架，帮助学生形成具体的习作思路，把握筛选素材的主体方向，围绕习作主题选取合适的角度。筛选素材时要根据以下三个原则：一是素材应切合主题，选与主题最为切合的习作素材；二是选材要真实，杜绝使用学生自己臆想的素材；三是应选取最具代表性的习作素材，最能体现习作的中心主题。其次将所筛选的素材进行整理归纳，对比筛选基本素材、精选具有针对性、有特色的素材，融入自己的思想感情，帮助学生写出有血有肉的文章。

关键词就是在文字叙述时，对阅读者理解文章内容具有重要意义的文字，是让整篇文章得以被认知、被定义的重要思想引领，是文章组成时不可或缺的核心要素。学生找到素材中的关键词或者与关键词有关的其他有价值的信息，将关键词句添加到思维导图的主干部分，会为整个文章的谋篇布局垫下基本的思路与基调。由此，关键词的使用，会让整个思维导图更加简单明了。

3. 理清层级关系，清晰文章结构

思维导图可以将思维的过程可视化，学生围绕思维导图的中心主题进行想象，将分支不断扩大，把自己能想到与习作相关内容写在分支上，向四周发散衍生出二级标题，把筛选的素材的关键词句写在二级分支上，学生根据二级分支所要表达的主要内容，进而引出如何描述二级分支内容的三级标题，依次不断向外扩展。在绘制时要思考如何写开头，如何写过程，如何写结尾；应该写几件事，重点突出写哪件事，分为几个段落，按什么结构来写，哪部分详写、哪部分略写，等等。教师可以在学生绘制思维导图的过程中及时进行针对性指导，使学生尽可能在思维导图上具体绘制事情的起因、经过、结果以及感悟和启迪等方面，在学生思维打开的同时，具有个性的想法也不断迸发出来。按照思维导图的层级图理清习作内容的先后顺序和主次关系，随着分支内容的增加和扩充，使习作内容更加生动具体，也能提高习作的逻辑性。

（三）运用思维导图的层级性丰富细节描写

笔者在参加习作教学实践中发现，小学阶段任何的习作文体，在搭建好文章整体框架后，都可以利用思维导图的层级性丰富细节描写。思维导图本身发散图式的结构，根据导图的中心主题进行，产生一级分支，能够帮助绘图者方便且清晰地进行层级联想，丰富习作细节描写。在习作练习中，将内容写得详实具体，一直是学生习作环节的难点，然而思维导图能有效解决学生习作中“无话可说”的问题。思维导图利用脑科学的原理，将形象思维和抽象思维充分结合，使思维潜力充分挖掘，促进学生根据层级关系多维度的发散思考，将头脑联想到的素材与习作要求相联系，把文章的内容写具体，使思维导图变成一个互相联系、不断延伸的思路脉络图，使习作内容变得丰富多彩。小学的习作文体大多是记叙文，而记叙文中主要以“写人”“叙事”为主，将人物的动作、语言、事情发展的经过以及环境描写等细节交代清楚，也能够使习作的整体内容更加生动具体。

1. 细化习作的动作描写

作家老舍曾说过:“唯有动作描写,人物才能立起来!”习作中涉及写人叙事时,动作描写有着不可忽视的地位。无论是描写人物还是动物的动作,都应该选择最具有典型特点的动作进行描写,以表现其品格、性情、身份、心理等。动作描写应抓住人物的典型动作,细致入微地描摹出来,并选用准确的动词,使人物形象栩栩如生、活灵活现、特征鲜明,让读者在人物的一举一动中体会其特有的思想感情。那如何将短时间发生的动作写的生动具体,主要有以下两种方式:第一,分解大动作。就是把一个很笼统的大动作,选取准确的动词,将其分解成若干个连贯的小动作,再把一系列小动作进行整合。以“爷爷喝茶”为例,把喝水的这一大动作分解成一系列的小动作,再展开具体细化的描写,是将习作内容写具体的一个主要方法。

第二,给动作“添枝加叶”。添加恰当生动的修饰语会使动作的特征更加细致,使得动作更具有表现力,人物形象也会更加鲜明。

2. 巧用习作的语言描写

“言为心声”语言是人物性格特征的直接表现。一个人具有什么样的性格,其就具有什么样的语言风格。小学生在撰写人物文章时,可以通过人物神情、语言、动作等方面来体现主人公的性格特点和思想观念。人物语言的描写,并不是天马行空地写,而是要从下列三个方面来描写其特点:首先,语言描写不仅要有鲜明的个性,还要符合人物、年龄、身份、文化和个性。其次,描写的语言要生动形象,反映出主人公的思想境界和心理活动。最后,描写人物的语言要简洁有力，避免拖泥带水。

根据思维导图呈现语言描写的三个要点。首先，思考人物有可能会说些什么。教师开展头脑风暴，引导学生结合写作人物的身份、年龄、性格等特征进行自由设想，把人物可能会说的都写下来，教师将学生所想到的对话内容给予分类并绘制成思维导图，再引导学生在每种类型的分支下添加具体的内容。

其次，思考人物在什么时候会说话。也就是说，语言的描写处于文章的什么位置。主要有三种结构：一是把语言描写置于中间，这也是最常见的结构；二是把语言描写置于开头；三是把语言描写置于结尾。

最后，思考人物会怎样说话。根据语言描写的要点，判定应以何种方式进行语言的描写。

3. 升华习作的环境描写

环境描写的目的是抒发人物内心情感以及烘托习作主旨。主要描写主人公所处的社会环境和自然环境。其中，社会环境描写是指能反映时代特征的描写，自然环境描写是指自然界的各类景物。景物描写既可以说明事件的发生地点和时代背景，又可以渲染气氛烘托人物性格，还可以推动故事情节的发展，抒发作者的思想情感等。

让学生根据描写的具体环境进行思维发散，把想写的内容用思维导图的方式呈现出来，这样学生便有了具体的环境描写对象和清晰的习作思路。在这个基础上让学生在具体的环境中选择代表性的事物进行详细描写，教师应该给予适时的指导，帮助学生细微观察，循序渐进地构建思维导图的分支。运用“三想二加法”引导学生在思维导图的分支上将思维进一步向深度和广度的发散，同时添加修辞手法及作者抒发的情感，对原有的文章加以润色和升华。

正是由于思维导图的层级性，学生的思路才可以被无限打开，在搭建框架的基础上，学生再进行内容扩充就相对容易了，细节描写由原来的只言片语变为重点描述，学生写出了丰富而具体的内容，一篇习作也就水到渠成了。

（四）运用思维导图的发散性提升习作的多向思维能力

利用思维导图优化小学高段学生的习作教学，实质上就是一个训练学生思维发散的过程，思维导图的结构由中心向四周辐射，且往下逐级分散，对中心主题的事物分类，进行多角度、多标准联想，这一过程对提升学生思维能力大有裨益。在习作教学实践运用思维导图，既为学生寻求了一种便捷的辅助工具，也为提高学生的习作思维能力奠定了坚实的基础。思维导图自身发散性的特点，使得学习者在运用其进行习作练习时，可以多维地发展自身的思维能力。

1. 增强学生习作的逻辑思维

思维导图通过条理清晰的网状结构来表达中心意思。制作思维导图时，绘制者要利用线条和节点将散乱的内容聚合起来，最终形成一张发散的思维网络。思维导图可以让小学生在较短的时间内迅速抓住习作的中心立意，避免出现跑题、偏题和思维跳脱混乱的问题。思维框架能帮助学生整理大脑中零散的知识，让其按照一定的逻辑进行建构，思维更加清晰、行文更加流畅、层次更加鲜明。对于习作教学来说，能否培养学生的思维能力是习作教学开展成功与否的重要标志。文章段落间的衔接、整体框架的构思，都需要小学生利用思维逻辑能力将其协调。逻辑能力较弱的学生在习作时，可能会出现语言表达不流畅、段落衔接生硬的问题。思维表达能力较强的学生，思维犹如江水，一泻千里，能让读者阅读后回味无穷。目前，小学高年段的学生在参与习作课时出现最多的问题是文章条理不够清晰、语言表达不够流畅，究其根本原因还是小学生逻辑能力欠缺导致的，因此教师利用思维导图的发散性开展习作教学，不仅能利用思维导图的直观性帮小学生打开思维通道，更能帮助其更好地整理段落之间的关系，让其在清晰明了的框架中思考和习作，这也有利于培养其思维表达能力和逻辑能力。

2. 强化学生习作的形象思维

形象思维是建立在事物直观表象上的特殊思维方式。小学高学段的学生，其思维发展仍处于具体形象思维与抽象逻辑思维的过渡阶段。虽然逻辑思维能力已初步形成，但在很大程度上还是以具体形象思维为主。语文教师在习作中培养小学生的形象思维能力，是提高小学生思考能力的金钥匙，也是提升其习作水平的重要方式。

在习作教学中利用思维导图培养学生形象思维方法有很多，下文介绍三种关键方式：一是利用思维导图发散分支，充分将教学内容可视化。语文教师利用小学生现有的生活经验，为其补充丰富的习作素材，能让小学生在利用思维导图发散性的基础上，善于动用感官，挖掘小学生的形象思维。学生一旦拥有了强大的想象能力，便能打好习作的基础功底，从而为丰富表象材料起到至关重要的作用。二是培养学生的动手实践能力。为了使小学生积极参与习作学习，语文教师可以引导小学生利用思维导图，将思考过程形象的绘制下来，如此一来，还可以帮助小学生将思维中零散的知识在思维导图发散分支清晰呈现，为强化学生习作形象提供非常有意义的帮助。三是语文教师多进行直观演示。小学生活泼好动，对各种新鲜事物充满乐趣，教师可以利用学生的好奇心，在习作教学中利用思维导图的发散性特征开展复杂的教学活动，把抽象的教学内容变为生动形象的图文知识，从而为小学生感知教材和生化表象提供帮助。

3. 激发学生习作的创造性思维

新时期语文课堂教学，必须构建科学的素质教育的模式，在课堂教学中激发学生的创造性思维。创造性思维是指以新颖独特的方法解决问题的思维过程，它是思维的一种特殊形式。激发和培养学生的创造性思维是习作出彩的一个重要途径。从实践和研究中得知，小学生习作大多视野浅显狭窄、主题选材局限，较难写出立意新颖的习作。以“友谊”的话题为例，很大一部分学生只会写朋友的外貌特征、朋友对自己的帮助或者遇到的误会，对朋友的感谢或者和好如初等。可见学生对习作还停留在机械模仿的阶段。在习作教学中，应该打破学生的思维惯性，培养其思维的求异性。思维导图能激发学生求异性思维，将其运用到习作教学中，可以发挥学生的主动性和创新性。引导学生在发散思维导图的过程中激发灵感、求异创新，进行逆向思维、求异思维、发散思维等，尽情释放想象力，充分打开习作新思路，并与同学进行积极的交流探究，在各抒己见中吐故纳新，赋予习作内容创新性的色彩。

（五）运用思维导图的独特性改进教学方法

1. 理清中心主题与分支层级关系

习作教学的核心是培养学生习作的思维能力，在习作过程中以发展学生的思维为主线，打破陈旧的教学理念，才能使学生的习作内容充满活力，更有深度和广度。在习作教学的过程中，教师针对不同文体的习作，利用思维导图讲授习作要求或者习作例文，跟随学生的思路边绘制边拓展，为学生的习作难点指点迷津，能够帮助学生理清思路，学会习作的技巧方法，进一步发展思维能力。学生的学习离不开教师的有效引导，思维导图的独特性可以详细地呈现每个学生的思维过程，教师可以根据学生绘制的思维导图判断该生当前的学习情况，真实了解学生知识的掌握程度。清晰看出该生是否完成学习任务，从而及时调整教学策略。所以，思维导图应用于教学中，有利于教师设计出更符合学生学情的教学方案，在观察、调整、再观察、再调整循环往复的过程中，便于从整体上把控整个课堂，提高习作课堂效率，更好完成教学计划。教师根据每个学生绘制的思维导图结合习作能力要点对学生因材施教，可以使习作教学更具有灵活性，教师的教学水平也能够得到不断提升。

以习作《神奇的探险之旅》为例，教师首先引导学生审题，明确本次习作的中心主题，展开大胆想象。教师可以在指导过程中，随机选取学生感兴趣的中心主题，在此基础上利用思维导图在习作内容上加以发散。

比如有同学选择了胆子大但行事鲁莽的哥哥，教师在板书上绘制中心主题为哥哥，并提问学生：“你们会去哪里探险？胆子大但行事鲁莽的哥哥会选择带什么探险装备呢？你们在探险中会遇到怎样的险情呢？”根据学生多样化的回答教师一边帮助学生概括归纳一边板书，根据主干的内容下可以继续提问来延伸下一级分支，从而发散更多具体的细节。在头脑风暴后，教师在思维导图上进行整理归纳，比如提问学生：“你会按照什么顺序描写探险的过程呢？在遇险的过程中你又怎样的心理变化？哪部分应该详写？哪部分应该略写？”教师通过提问，启发引导学生深入思考，充分调动学生想象力和丰富情感，进而使学生清晰构思合理谋篇布局、安排详略，最终绘制出完整而具有个人风格的思维导图。

利用思维导图创新优化教学方式，充分发挥学生的主体性，让学生做课堂的小主人。但这并不是学生可以根据自己的想法漫无目的地绘制，教师应对学生零零点点的想法和思路进行归纳整理，在这个过程中既丰富了习作的内容，也让学生的思路更具有条理性。这种师生合作的方式共同学习，有效规避了教师的强权解读。

2. 注重学生差异性，灵活评价习作内容

建构主义学习理论的学生观中，特别强调学生经验世界的丰富性和差异性。思维导图能够反映学生个体因人而异的思维结构，每个学生都是独立的鲜活个体，由于个人经历体验的不同，学生在绘制思维导图时往往会发散出多种千奇百怪的思路，构建出自己独特的思维导图。但在现行习作教学中由于教师评改缺乏差异性，造就了部分学生的思维僵化。习作评价作为习作教学中的最后一环，是发展学生个性化、差异性的重要手段。要求教师考虑不同学生间的差异性，根据学生绘制的思维导图对习作灵活评价，切记不要一味地用统一的评价标准要求学生。

首先，从思维导图的整体出发，根据各层级分支关键词的表述，以此判断习作的整理立意是否符合中心主题、构思布局是否条理清晰、段落内容的详略安排是否得当等。学生可以根据教师评改理清自己的习作过程思路，还可以间接培养其审美情趣。其次，教师评价应以发展性评价为主，每个人的思维导图都是与众不同的，没有正误之分，教师应该及时指出学生习作的原则性错误，但是更应该立足于学生的创新点和闪光点给予规范的指导和相应的鼓励，以此达到最优化的习作评改效果。

思维导图作为新型教学工具应用到习作课，无疑是为语文教学注入了新鲜血液，帮助教师改变原有单一的习作教学方式，创新了教学手段，让习作课不再枯燥乏味，变得生动有趣，激发学生学习习作的积极性，从心底里真正地喜欢上习作课。

（六）运用思维导图的系统性完善评改环节

陀思妥耶夫斯基说："作家最大的本领是善于删改。谁善于和有能力删改自己的东西，他就前程远大。"新课标也在习作的教学建议中指出："积极合理利用信息技术与网络优势，丰富写作形式，激发写作兴趣，增加学生创造性的表达，展示交流与互相评改的机会。"学生的习作完成后并不代表一次完整习作教学的结束，学生首先要学会自我评改，其次要根据同学、教师的建议进行修改。思维导图的系统性可以把大量冗杂的信息省略，采用关键词的形式，把一篇文章变成一个层次鲜明的结构图，其主要内容和脉络一目了然，对整体的结构也会有更深层次的理解。因此，教师针对学生的思维导图进行针对性的评价，学生利用思维导图方便快捷地完善习作内容，可助推习作水平不断提高。

1. 丰富习作评改方式，增强学生评改参与度

传统教学的评价方式以教师评价为主，现阶段素质教育倡导充分发挥学生主动性和互动性，学生也应主动参与评价。只有这样，才会对自己的习作有更深刻的认识，知道自己的思维导图的结构框架和习作内容的不足之处。

一是学生可以在语文教师的点评和指导下，重新调整自己的思维导图。例如学生可以在思维导图利用思维导图的系统关联，从中加入使用修辞手法的框架，从而让习修辞手法和习作内容相互融合、相互协调，提高文章的质量。

二是同桌和小组之间相互点评，修改彼此的思维导图。语文教师在点评小学生的思维导图时，要注重点评其质量。评价思维导，评价不在于内容多少而在于是否精准，为此教师多督促小学生自评、互评、班级随机评改。教师在引导学生积极交流的同时，应该积极将小学生的修改和评价引向正轨。待小学生评改思维导图结束后，教师可以有针对性地抽出几幅思维导图作为案例，如此一来，不仅能让小学生在讨论交流中认清自己在习作中出现的问题，还能学习其他同学优秀文章中的布局结构和思维方式及语言表达技巧，从而让自身在不断学习中提高习作素养。学生自评、同学互评提升了学生在习作评改过程中的参与度，加深了对思维导图作用的理解，有了修改后的思维导图，就如同迷宫有了路线图一样，从而促进学生利用思维导图在习作中产生良好效果。

2. 抓住框架重点，简化评价过程

根据对教师的调研得知，语文教师通常兼任班主任职务，工作

任务较为繁重，很难做到对学生习作的精细批改。常常在学生习作后简单地写上评语，打上一个等级或者分数，却缺乏系统、规范的评价标准。教师评价既可以帮助学生找到习作中存在的根本问题，为学生指明改进方向，又可以为学生之间的互评提供有效范例。教师对新课标习作的评价标准不够明确，就不能科学客观地评价学生的习作内容。思维导图具有系统性，可以把大量冗杂的信息省略，采用关键词的形式，把一篇文章变成了一个层次鲜明的结构图。教师通过观察思维导图的中心主题、关键词的选取、层级分支等，便可以对学生习作的整体结构脉络系统把握，能够明确学生的习作水平。为了使思维导图能够更好帮助学生的习作，提高学生的习作能力和水平，还需要倡导语文学科专家和一线语文教师要共同制定系统具体的评价标准。根据客观的评价标准，能有针对性地评价学生的思维导图，提出合理的改进建议，帮助学生完善思维导图，提高习作教学的水平。

第五章　小学语文口语交际教学

第一节　口语交际教学意义和作用

一、我国小学语文口语交际教学中存在的问题

对口语交际教学重视不够。长期以来的应试教育模式使得教师和学生看重考试成绩，忽视口语。在教师和学生看来，只要考试成绩好，就等于学会了语文，所以使口语交际训练得不到应有的重视。主要来自以下几个原因。

教师个人素质问题。有一些教师因为自身的某些原因，在朗读的时发音不准或者教师自身有不好的语言习惯。在教学时，学生会受到教师这些不良习惯的影响，从而影响学生口语交际能力的提高。

口语交际训练缺乏正确评价标准。我国学校教育最终的考核标准是考试。在各级别的语文考试中，对于口语交际训练的考核没有形成明确的、科学的考核标准，在语文考试中，口语交际训练的考试范围非常小，在整个语文考试题中所占比例微乎其微，这种情况间接地影响了学生对口语交际训练的积极性。

口语交际教学方法过于单一。教师语文教学中，忽视口语交际的“交际性”，不重视情景教学，而是对交际时的内容进行过多解析，失去了口语交际教学的趣味性，使学生失去了对口语交际教学的兴趣。

21 世纪是信息的时代，手机、网络取代了传统的面对面的交往，

加上个体的不重视，久而久之导致口语交际语言的贫乏，部分人张口粗话脏话，部分人在公众场合怕说话，或者即便发言也是语焉不详，这实际上正是反映了口语交际能力的欠缺。[①]

二、口语交际的作用

英国哲学家培根曾经说：“一个人从另一个人的诤言中所得来的光明比从他自己的理解力、判断力中所得出的更干净纯粹。”美国著名人际关系学家戴尔·卡耐基说：“一个人的成功，约有 15%取决于知识和技术，85%取决于沟通一发表自己意见的能力和激发他人热忱的能力。”我国也有这样一句古话：“听君一席话，胜读十年书。”由此，说明了口语交际的重要性。

（一）传递信息的功能

当今是一个信息爆炸的时代，信息应用于政治、经济、文化、军事等领域，同时影响着人们的日常生活。美国著名未来学家阿·托夫勒认为，“知识—广义地说，包括数据、信息、意象、符号、文化、意识形态以及价值观，是第三次浪潮经济的主要资源”。信息的传播途径很多，其中口语交际的方式是最直接、快捷、有效的。不同的交际者聚集在一起，无形中构成了一个“信息库”。

交际者通过信息的输入、输出和调整、反馈等方式，完成了信息交流。这一过程中，他们不仅获取了大量的信息，同时还对原有的信息进行了证实和加工。

[①]张利杰．小学语文口语交际教学中存在的问题及对策研究[D]．开封：河南大学，2021.

“控制论”的奠基人诺伯特·维纳在未成名之前，曾办过一个有各学科朋友参加的“月聚餐会”，参加聚会的人有冯·诺依曼、别格罗、戈德斯汀、麦克卡洛、匹茨等。通过不同领域的交流，广泛的信息收集，并综合、互补，维纳创立了“控制论”。而他的这些朋友也成为博弈论、电子计算机、神经控制论和人工智能等方面的奠基者或开拓者。可见，口语交际对信息的传递起着极其重要的作用。

（二）交流思想的功能

英国戏剧家萧伯纳有一句名言：“你我是朋友，各拿出一个苹果彼此交换，交换后仍然是各有一个苹果；倘若你有一种思想，我也有一种思想，而朋友间相互交流思想，那么我们每个人就有两种思想了。”这段话形象地说明了口语交际交流思想的功能。

（三）沟通情感的功能

情感是一种高级的心理现象，是人对客观事物是否符合自己的需要、愿望和观点而产生的一种心理体验。

口语交际可以让人将自己的情感抒发出来，使人的精神得到满足或宣泄。通过口语交际的方式，人们可以尽情地倾诉忧愁与欢乐，恐惧和希望、痛苦和欢慰；可以排忧解难，消除隔阂；可以抚慰愁苦烦闷甚至悲观厌世的情绪，激起对美好生活的追求与向往。所谓“话是开心的钥匙”，说的就是这个道理。

语言是人类最重要的交际工具。人们把“舌头、美元和电脑”称作当今时代的三大战略武器。专家预言，21 世纪是对话的时代。在快节奏的现代化生产和生活中，口语交际的地位显得越来越重要。

国外学者曾对以英语为母语的一般成年人在听、说、读、写四个方面的交际活动做过调查，发现“听”的活动占其言语交际活动总和的 45%，“说”占 30%，“读”占 16%，“写”只占 9%。“听”与“说”是紧密地联系在一起的。“听”“说”活动的总和可占言语活动总量的 75%。不容置疑，口语交际在社会生活中所发挥的作用远远超过以往任何一个历史时代。

由此可见，无论是社会生活还是个人生活，都离不开口语交际这一良好的沟通方式。口语交际在现代生活中具有重要地位，因此得到了人们的高度重视。

三、口语交际的基本特征

口语交际的直面性：口语交际是信息交流双方面对面的言语活动。

口语交际的随机性：交际的时间、地点、场合、对象和交际的内容皆有不确定性。

口语交际的功利性：所谓功利性，是说任何口语交际都是为了一定的目的而进行的。

语文作为一门语言学科，“听说读写”作为语文基本素养，都是教师在教学当中需要重视的环节。语文教师在教学中，让学生在口语交际活动中真正提高自身的口语交际能力，是语文教学的重要任务。

第二节　口语交际教学主要内容和方法

小学阶段要提高学生的语言表达能力，最为重要的就是从口语表达和书面表达两个方面入手。其中书面表达更多是针对小学高年级阶段的学生开展的。而口语交际表达能力从小学低年级段就可以重点培养，提高学生的口语表达能力。口语交际教学也分为很多类型，针对不同的类型，我们要采取不一样的教学方法。

一、口语交际教学内容的类型及其特点

小学阶段口语交际教学的主要内容分为三个类型：独白型、对话型和表演型。这三个类型的教学体系和教学内容都各有侧重点，比如独白型，更多的是强调学生个人的语言组织能力，而对话型和表演型更加考验学生与他人互动的能力。所以在开展教学工作的时候，教师要注意，不能够单纯使用同一种教学方法，而是要站在多角度上展开分析。笔者在长期的教学工作中，针对这三种口语交际教学的类型进行了综合分析，并且提出了具体对应的口语交际教学内容的类型特点。

二、独白型口语交际教学策略和方法

独白型口语交际教学的特点主要有三个：一是这种口语交际是以学生个人为主体，单个进行演说；二是它往往围绕着一个特定的主题展开论述，不能随意更改口语交际的内容；三是在独白型口语交际时，学生需做好一些准备工作。在进行独白型口语交际教学前，教师要考虑到学生语言组织能力和应变能力，要指导学生写演讲稿，反复遣词造句，使得语言通俗易懂，还要强调演讲时要运用恰当的表情、动作等，保证演讲的质量。[①]

独白型口语交际和对话型口语交际可以在两个或少数人之间

[①]陈颖．小学语文教学中口语交际训练实践教学研究[J]．创新创业理论研究与实践，2019，2（22）：67-68.

进行口语交际，而表演型口语交际多则是发生在多人环境下的，当然也可以进行一人表演。开展表演型口语交际教学任务，往往是在特定的空间和时间点展开的。这种口语交际表演大多是一群学生对着另外一群人表达，表演过程中不太看重观众的回应，而是强调参与表演的成员之间的配合。如果想让学生多多参与，想让更多的学生同时站上讲台表演，让他们能在舞台上展现自己，教师在课前要引导学生分好小组，做好充分的准备。

三、独白型口语交际教学策略和方法

开展独白型口语交际教学的时候，比较强调学生的个人想法，因为独白型的口语交际并不会影响到其他学生，所以在开展教学工作的时候，笔者一般会让学生根据个人的喜好和兴趣来选择合适的口语交际话题。比如有些男生喜欢看铠甲勇士，教师就可以鼓励他们以这个话题为例，写一篇小小的演说稿，站到讲台上进行口语表达。再比如有些女生喜欢洋娃娃或芭比娃娃，教师就可以引导她们围绕这一话题进行演说。独白型的口语交际最为看重的就是学生个人的表达，所以表达的话题往往仅居于次要地位。

在进行独白型口语交际教学的时候，教师要强调学生不能总是干巴地念稿子，应该做到声情并茂，搭配一些肢体语言和面部表情，更有利于增强独白型口语交际的感染力。像说新闻，提醒学生无论是神态还是语气，都要求和新闻报道的播音员类似。通过这样的教学方式，学生能够掌握更多的口语表达技巧，在独白型口语交际教学过程中，学生会积累很多“模仿”经验，有助于拓宽学生的个人认知，全面升华口语交际课程的教学。

四、对话型口语交际教学策略和方法

对话型口语交际一般来讲是发生在二到四人之间的一段对话。教学时，笔者习惯让二至四名同学为一个小队进行口语交际练习。一是在有限的时间内参与口语交际的人数越少，学生能够获得的口语交际锻炼就越多，二是少部分人参与口语交际，更有利于综合提高学生的语言交流能力。总的来看，对话型口语交际有两个特点：其一，对话型口语交际属于群体传播，每个人都有表达自己意见或观点的机会，而且这种口语交际的目的性不强，参与对话的人虽然可以提出意见，但并不是所有人的意见都能够得到采纳，甚至有时候多人的意见都不会被采纳。其二，对话型口语交际往往是围绕着一个话题展开的，在进行类似课程的教学时，可以先让每个同学提出一至两点朋友相处的秘诀，然后分小组讨论，至少提出三条大家认为最重要的意见。这样让学生在对话的过程中交换意见，提取信息，整理信息。这有效帮助学生掌握交流技巧，认真聆听他人观点的一个重要过程。

小学语文口语交际不仅训练学生听、说、交流表达的能力，还对学生语言运用，行为习惯、精神素养等方面具有积极作用。日常生活中，学生自言自语的机会不多，大多数情况下，学生要表达某种观点，都是通过和他人进行交流的方式进行意见交换，这一现实情况也从侧面印证了开展对话型口语交际教学的重要性。教学工作中，教师要保证每一次的口语交际教学都要带有一些对话色彩，开展对话型口语交际教学的时候，尤其要突出对话的重要性，引导学生进行讨论。但是在讨论的过程中教师也会发现，大多数小学生是缺乏独立思考能力的，所以学生在发表个人意见的时候，往往是参照了教材中的原话。为了培养学生的创新能力，全面提高口语表达水平，教师应当在教材之外设计一些具有讨论价值的话题，比如让学生讨论：“小学阶段每天只做半个小时的作业是合理的吗？”不同的学生针对这一问题可能会有不一样的想法，教师可以随机邀请几名意见相反的同学站到讲台上来谈谈个人的想法。在交流对话的过程中，互换意见不仅有利于提高学生的学习兴趣，也能够提高学生的谈判和口语表达的能力。

第三节　口语教学思维创新

一、思维导图应用于小学口语交际教学的价值

（一）思维导图与小学口语交际教学的内核契合

思维导图的呈现过程与大脑的活动机制极其相似，符合了人脑思考过程的规律，小学生可以自然地与之相适应。思维导图将图像与文字信息相结合，使思考过程可视化，运用简单的关键词、丰富的颜色、简约多变的线条等元素，全面地调动学习者大脑左右半球协同工作，从而激发大脑皮层的活动，进而提高口语交际教学的效果。小学生虽然具备一定逻辑思维基础，但低中年段学生的思维方式仍依赖于形象性思想。绘制思想导图的过程要求学习者把握口语交际学习最核心的“主题词”之后再加以头脑风暴，这样的学习过程锻炼了学习者思维的调动，改变原来“言而不思”的学习状态。此外，思维导图还通过色彩元素的呈现，调动了学习者的学习兴趣，

激发其学习内驱力。[①]

小学的口语交际课程不但具有情景性与互动性，同时还具备了思辨性的特色，与思维导图包含的逻辑性内核相契合。口语交际课程还承担着日常交流难以完成的目标，那便是对学生思维能力的训练，这主要由学习者语言素养的性质所决定。学习者的语言素养，不仅涵盖听、说、读、写四方面的综合素质，而且还指向学习者在社会性活动中熟练地处理各种问题的综合能力。这就需要学习者在不同环境下利用语言素养快速地整合信息，提出解决方案。

（二）基于思维导图的口语交际教学功能再认识

第一，利用思维导图可以帮助教师更高效地规划教学活动设计，运用思维导图辅助口语交际教学需要教师根据教学对象的能力水平设计教学，并合理地组织和配置各项教育要素，从而制订适宜的教学方案。教师要掌握教学内容的整体性，认真、细致思考所有课程要点和教材要素间的关联。思维导图的内容和结构特征给教育者提供了更高效的教学方法，可以帮助教师设计并反思课程的整体流程。思维导图的创作过程是教育者梳理课程各知识点及其内在逻辑、把握教学重难点、把不同课程观念与经验进行分析与整合、有效探究教学方法的过程。

第二，思维导图不仅能帮助教育者整合教学内容，还可以探寻教育者潜在的经验认知并使其显性化。基于思维导图的教学过程呈

[①]艾昕．思维导图在小学中段语文口语交际教学中的应用研究[D]．哈尔滨：哈尔滨师范大学，2022.

现，可以帮助教师在教研过程中，有效地与其他教师沟通与研讨；还可以帮助教师在课后进行教学复盘，检验是否完成预期的教学目标，久而久之，教师的教学能力水平会得到显著提高。思维导图将思维过程外化于形，促进了教师专业化发展。

二、思维导图在小学中段口语交际教学中的应用优化策略

口语交际是一种表达能力，也是一种语言素养。口语交际的教学课堂上不但要有温度，更要讲方法。虽然，通过结合思维导图的口语交际教学实验可以发现，将思维导图运用到小学中段的口语交际课堂教学中有较好的教学效果。但是，思维导图在实际课堂教学过程中的运用仍然存在一些不足，还需要不断完善。

（一）口语交际教学目标再定位，聚焦学生语言思维

在实际的教学过程中，引导学生去思考问题才是最关键的环节。教师引导学生进行积极思考，能够促进学生思维能力的发展，进而也有利于教师更好地完成授课目标。所以口语交际教学目标应该定位在“思维”上，同时“为思维而教”也是现在课程改革的追求。但是很多老师都觉得思维的发展是无法衡量的，加上现有的考试制度的导向，教育目标落脚点终究还是在基础知识的掌握上，这不利于培养学习者核心素养。所以，教师应把口语交际教学目标的重心由知识向思维转化。

思维导图提倡“为思维而教”，教师应将教学过程作为培养学生语言思维的途径。教学过程中思维的发散是口语交际活动的关键目标，学生在口语交际课堂绘制思维导图时，也是语言与思维结合的过程。口语交际课堂中教师与学生的语言互动交流，同时也是师

生思想碰撞的过程，因此，教师必须以培养思维的视角看待口语交际教学目标，将学生语言与思维的协同发展视为口语交际教学的总目标。

（二）灵活实施口语交际教学，促进与思维导图的衔接与融合

1. 小组合作构建导图，优化教学时间分配

学习过程不仅是个人自主探究的过程，更重要的是通过与其他人在思想上的碰撞，进而充实自己、提升自己，以达到个人与集体思维协同发展的效果。针对不同的口语交际主题，教师应选择恰当的学习组织形式帮助学生绘制思维导图。在有限的口语交际课堂时间里，为了学生加强对话与交流，最常见和有效的形式就是选择以小组合作的形式绘制思维导图，既可以优化课堂教学时间，还可以利用思维导图的交流功能，去激发学生的思维碰撞。

进行口语交际教学时，为了避免教学环节的简繁不当，教学目标本末倒置，应将思维导图的构建融入分组讨论教学活动，学习者明确分工并协同合作。在整个分组合作过程中，生生合作的学习方法贯穿始终。“身边的小事”这个主题就非常适合进行小组绘制，以教学片段为例说明。

环节一：逐层引导，绘制导图（15 分钟）。

师：请同学们思考：你遇到的“身边不文明的行为”和“让人感到温暖的事情”都有哪些呢？下面就请大家在纸上绘制自己的思维导图，将你要表达的事情提炼出关键词呈现在图上。当我们在叙述事情时，要把事情讲清楚，把看法说得清晰简洁，让人一听就明白。

环节二：交流导图，小组展示（5 分钟）。

师：同学们画得都很认真，那么现在就请大家小组交流一下。先小组内交流，再选出代表。在交流过程中，请同学们将事情说清楚，听的同学要帮助查看讲的同学思维导图与表达内容是否一致。

在教学过程中，学生绘制思维导图 15 分钟，而小组交流环节仅 5 分钟，导致教学大部分的时候都用来进行导图的绘制，教学时间分配有误。如果将学生独自绘制导图的方式改为小组合作绘制导图，将环节一、二结合起来，便可给予学生更多时间进行思维与语言结合的探索，优化教学时间分配。学生通过小组合作，互相之间交流身边发生的小事，每个人的思想集体交流过程中得到启发与碰撞。在整个过程中，还可以指定一人用思维导图的办法记录大家的想法，最后通过对记录的想法进行筛选，将筛选过的内容绘制到小组汇报的思维导图中。这种学习过程不仅达到了增强学生间交流的目的，而且能够有效地将不同学生的“言”与“思”结合，绘制的思维导图作品在质量方面也会得到提升。

2. 基于口语交际主题，适时选择构图时机

教师要在口语交际教学中选择适当的时机应用，应当明确口语交际主题及目标，了解在此次学习活动中需要运用思维导图达成的目标，归纳、分析、创作或是头脑风暴。在口语交际活动中，思考过程是最核心的环节，而思维导图只是将自己的想法呈现出来，使自己的想法更显而易见。所以说，教师必须针对课堂的具体内容选择思维表现形式，充分考虑导图在课堂中的创作时间，与学生的思考同步，才能更好地改善课堂效果。

第六章　语文教学中学生思维与训练

第一节　形象思维、抽象思维与训练

一、形象思维、抽象思维的定义

（一）形象思维

所谓形象思维，是指思维主体结合自己的主观认识和情感因素，在感受研究对象的形象信息基础上，借助对研究对象相关的形象信息进行分析、综合、比较、抽象、概括、想象、联想等认知加工方式，对研究对象的本质和规律进行审美判断或科学判断的思维。

形象思维是从具体事物中抽取出典型形象。它从具体事物中剔除了次要的、偶然的、表面的非本质的东西，从中抽取出一般的共同的、本质的东西。艺术品中的形象思维，其塑造的形象中包含着作者对艺术品的审美判断。比如林黛玉的叛逆、唐·吉诃德的脱离实际、奥赛罗的嫉妒与冲动、阿Q的“精神胜利法”，这些都是作者对作品典型人物的典型性格作出的审美判断。科学研究中的形象思维包含着科学家对研究对象的科学判断。如凯库勒通过实验与逻辑思维研究苯的结构式，费了很多精力和时间，毫无结果，后来，由想象一条咬到自己尾巴的蛇悟出苯的结构式是环状“苯环”。

（二）抽象思维

所谓抽象思维，简单地说是指借助于概念、判断和推理，认识和反映事物过程的思维方式。有的研究者把抽象思维称为抽象逻辑思维、逻辑思维，或分析思维。它与形象思维相对应，是思维主体结合自己的主观认识和情感因素，在感受研究对象的形象信息基础上，以语言、文字、符号、数字等为思维载体，以抽象分析分类等为基本过程，通过分析、综合、比较、抽象、概括等认知加工方式，揭露事物的规律和本质的思维活动。抽象思维可以分为形式逻辑思维与辩证逻辑思维两种思维形式。所谓形式逻辑思维就是凭借概念和理论知识，并按照形式逻辑的规律进行的思维。这种思维的形式是概念、判断和推理。所谓辩证逻辑思维就是凭借概念和理论知识，按照辩证逻辑的规律进行的思维。形式逻辑思维是对相对稳定、发展变化不大的客观事物的反映；辩证思维是对不断发展变化的事物的反映。抽象思维是人类最主要. 最基本的一种思维方式，因而，语文学习离不开抽象思维。不仅议论文、说明文等文体的读写训练离不开抽象思维，散文、小说、诗歌等文学作品的读写训练也离不开抽象思维。

二、在语文教学中训练形象思维、抽象思维能力

（一）训练形象思维能力的意义

说到思维能力的培养，就不能只想到抽象思维，而忽视形象思维。这两种思维能力的培养应该是相得益彰、相辅相成的。如果没有形象来支撑，抽象思维的发展就会受到影响。现代大脑科学研究雄辩地证明：人脑是由左右两个半脑组合而成的。由左半球主管语言、逻辑、数字的运用，由右半脑主管音乐、美术、空间的知觉辨认。从思维角度看。左脑的功能是主管抽象思维，右脑的功能是主管形象思维。人的思维活动正是在左右两个半脑的共同配合下完成

的。教学特别是语文教学，要最大限度地同时开发学生的左脑和右脑，这样学生的抽象思维能力和形象思维能力方能齐头并进。

形象思维对于学生的语文学习有着特殊的意义。语文教材中的诗歌、小说、散文，这些文学作品的创作主要借助的是形象思维，学生对这些作品的鉴赏也主要靠形象思维。学生的记叙文写作训练，特别是诗歌、散文等的写作训练，从立意选材到布局谋篇，再到遣词造句，哪一个写作环节也离不开形象思维。这说明语文学习需要借助形象思维，也说明语文学习对于发展学生的形象思维能力具有得天独厚的优势。学生有了形象思维能力，不仅可以帮助他学好语文，而且可以帮助他学好其他学科。比如学生学习数理化的过程也是形象思维与抽象思维交错进行的过程。例如，有小学数学教师在教学四则运算与简便计算这两个单元时，一些学生对何时进行递等式计算，何时进行简便计算常常发生混淆。于是，教师把脱式计算比喻成“水牛”，把简便计算比喻成“拖拉机”，耕地又快又好。“水牛”好比四则运算的一般算法，虽然慢，但是在水田必须用“水牛”而不能用拖拉机，要根据“田地”的特点决定是用“水牛”还是“拖拉机”。教师用具体形象的“水牛”“拖拉机”打比方，使学生恍然大悟，明白了简便计算的重要思路：先观察数的特点，再根据运算定律进行计算。形象思维还能帮助学生轻松地打开解题思路。

形象思维的运作机制：无论创作还是鉴赏始终离不开形象，形象要借助想象与联想、想象与联想要靠情感来推动。因此，形象想象、联想、情感是形象思维的四大要素，也是形象思维的运作机制。因此，语文教学中培养学生形象思维能力主要是培养感受和描写形象的能力培养想象能力、培养联想能力、学会把握审美情感。

（二）训练形象思维能力的途径

1. 训练学生感受形象与描绘形象的能力

事物的形象就是形象思维所反映的对象。语文课中诗文的形象主要指文学作品中的语言形象，即以语言为手段而形成的文学形象，是作者的美学观念在诗文中的创造性体现。形象的具体因素包括环境、人物、场面、情节等。形象思维的第一要素是形象，训练学生的形象思维，就要引导学生从诗文的阅读中去感受形象，从诗文的习作中去再造或创造形象。

（1）训练学生在阅读中感受形象

文学形象具有知觉、表象和想象所能把握的生动可感的属性。它不同于科学上标示抽象一般的种类、性质的图示和模型，而是表现为具体、生动、独特和个别的形态，或是一片景象，或是某个人物。引导学生感受景物形象，就要让他们感受形象的意蕴，从景物形象中窥探作者的情感世界，看作者怎么借助景物形象来传情达意。引导学生把握人物形象，就要透过形象认识人物的典型性格，进而体悟作者的审美感受、全文的主题思想。

（2）训练学生在写作中描绘形象

学生作文少不了记人叙事、写景状物，这必然涉及形象的描绘，是在写作教学中训练学生形象思维的重要环节。训练形象描写可以与阅读鉴赏教学结合进行。[①]

[①]陆媛媛．以思维训练为“梯”，习作教学拾“梯”而上[J]．小学生作文辅导（语文园地），2022（09）：12-14.

刘勰在《文心雕龙》中说："青出于蓝，绛生与茜，虽逾本色，不能复化。"这些讲的都是模仿中的创新。人们在学习和实践中积累起来而储存在大脑中的知识单元，被思维科学称之为"相似块"，这种"相似块"大量地存在于客观事物和认识主体的思维活动中。所有的创新都是一个相互套在一起，由小到大、由低级到高级的综合相似形或更大的体系。创新常常就在于发现两个或两个以上的研究对象或设想之间的联系或相似点。阅读鉴赏就是储存和丰富学生大脑中的相似块。写作中的模仿就是大脑中的相似块的自动汇合、接通、激活的过程，从中产生的同中异变，便是推陈出新的思维成果。借鉴课文的迁移训练实际上是模仿创造技法在作文教学中的运用，是一种读写结合的有效方式。在模仿中创新，就是要以读带写，以写促读，在阅读中渗透作文。学生学习描绘形象的训练，完全可以采取模仿课文的方式进行，其关键是教师要加强指导。

（3）在综合性学习训练中丰富学生形象

综合性学习实践活动作为一种课程被纳入语文学习之中，作为教学目标的五大板块之一，使语文课程由封闭走向了开放，意义深远。语文综合性实践活动能够很好地使语文自身的听说读写活动实现有机统一，使语文与生活实现紧密连接，使语文与其他学科实现交叉整合，使书本知识学习与实践运用实现紧密结合，因而在语文综合性学习实践活动中训练学生的思维能力较之其他语文活动具有更广阔的空间，训练的灵活性综合性、多元性更强。形象思维是综合性学习的起点。形象是人的大脑对外界事物的印象，这种印象往往可以借助物化的形式加以再现，从而为人的感觉所把握。因此，教师在开展语文综合性学习实践活动中，要创设问题情境，丰富学生形象。例如有教师组织学生综合学习有关红军长征的知识，创设了一个“红军长征是怎样走过来的”问题情境。活动中，安排了一个汇报交流的环节，汇报展示的内容就有学生绘制的金沙江地图和遵义会议地图、表演红军夺桥的造型、配乐朗诵文中描写夺桥经过的内容、表演《草地夜行》中老红军救小红军的内容、高唱《长征》组歌等。在这些活动中赋予了学生丰富的形象，不仅加深了学生对长征中红军革命英雄主义精神的体验，也锻炼了他们形象思维能力。

2. 训练学生的想象力与联想力

在形象思维中，无论是感受形象，还是描绘形象，都要借助想象与联想，想象与联想是形象思维的主要加工方式。因此，培养形象思维能力，就要培养学生的想象与联想能力。

（1）在识字教学中训练学生的想象与联想能力

在识字教学中训练学生的想象力。汉字符号是单一、表象、修辞的符号。汉字具有十分鲜明的形象性特点，又具有丰富的文化内涵，蕴藏着汉民族的思维方式、审美观念、社会心态和价值取向，所有这些，决定了汉字能给人以广阔的想象空间。正如世界著名的汉学家、瑞典人高本汉所说：“中国文字是真正的一种中国精神创造力的产品，并不像西洋文字是由古代远方的异族借得来的，它有丰富悦目的形式，使人能发挥无穷的想象，不像西洋文字那样质实无趣。”比如，我们从一个“飞”字，仿佛能看到一种飘飘欲仙的神态，从一个“饭”字，让人想到“民以食为天”，想到“兵马未动，粮草先行”，…… 因此，识字写字教学还能训练学生的想象能力。其方法是如下。

借想象编歌诀为识字写字添情加趣。编儿歌识记生字的过程，本身就是一个调动已有知识和生活经验展开想象的过程，开始可由老师编一些帮助学生识记生字的儿歌，为学生做示范，以后逐步让学生自己尝试着编儿歌。例如，用相关基本字编成韵语：虫字旁，昆虫多；小蜻蜓，像飞机；小蝴蝶，穿花衣；虫字旁，有动物，蜘蛛忙结网；爱劳动，小蚂蚁；小蝌蚪，水中游；小蚯蚓，在翻地……又如《大青树下的小学》课后，有教师顺着课文内容的延伸，自己编了一首儿歌，本课的每个生字都藏在儿歌里面。学生试读儿歌，巩固生字，一举两得。

借想象猜字谜帮助学生识记生字。依据学生的认知特点和汉字的构字规律来编写字谜，既有趣味性，又有思考性，孩子喜闻乐见，识字效率高。猜字谜也是一种想象识字方法。教师可作猜字谜的示范，然后指导学生自编字谜。如有教师编了一个字谜："一人胆子大，敢把大王踩脚下。"谜底是"全"。然后孩子也纷纷出字谜，有的说："大口里面套小口"，谜底是"回"。有的说："一口咬掉牛尾巴"，谜底是"告"。"1+1 不等于 2"，谜底是"王"。一个个谜面编出来，大家一起猜，真是其乐融融，无形之中便识字了。

借想象绘图画破解汉字文化内涵。由于汉字具有形象性特点，能以形释义，教师可以引导学生借想象绘图画来破解汉字文化内涵。

借想象编故事领会字音字形字义。通过想象，把一个个生字编成故事来学，如一个人走路走累了，正好看到路边有棵树，他就靠在树上休息一下，这个字就是"休"。再如："闻"，有人听到门外发出吵吵吵的响声，就把耳朵贴在门上听一听，这就叫“闻”。

在识字教学中引导学生借助想象来识字，并在识字中发展想象力，最重要的是要引导学生调动已有的知识和生活经验。比如学习“圆”字，教师要学生联系生活展开想象。有学生想到元宵节“全家欢聚吃汤圆”；想到“圆”外面的“口”就像汤圆皮，里面的“员”就像汤圆馅。通过这样的想象，“圆”字就会在学生心里记一辈子。有老师引导学生通过想象识别汉字很有效果。比如“串”字，通过想象就变成了学生喜欢吃的羊肉串或者糖葫芦，十分形象。又如“雨”字，学生是这样想象的：“雨”上面的“一”是天上的乌云，“门”是我们的世界，里面是雨点。想得多好呀！上面的例子无不说明，想象力来自知识和生活经验的积累。要发展学生的想象力，就要千方百计地丰富学生的知识和生活经验。

（2）在识字教学中训练学生的联想力

汉字本来就是“物”与“形”“理”与“字”的联想的产物，所谓“依类象形”“分理别异”就是这个道理。因此，识别汉字最容易引发人的联想。教师可以引导学生借联想辨别部首帮助识写一类文字。

比如以“木”字为基础，可联想到“杆”“桂”“标”“梧”“树”等，以“心”为基础，可联想到“思”“想”“念”“愁”“息”等凡与太阳有关的字，均有一个“日”旁；凡与水有关的，必有一个“斗”旁。根据汉字音、形、义三位一体的特点以及六书的造字方法，在识字教学中可以凭借生活积累以及知识储备，从汉字的原型出发，展开由此及彼、由近及远、由浅入深的联想，来理解汉字的形、音、义。利用偏旁部首记字。汉字中有很多合体字，记忆这些字就要依据形声字和会意字的造字特点，让学生加一加、减一减、换一换，快捷熟练地记住。特别是形声字的识记规律一定要通过不断地训练，让学生牢固掌握，但要灵活应用。

2. 在阅读教学中训练想象力与联想力

（1）在阅读教学中训练想象力

这里的阅读教学主要是指文学作品教学。当代法国现象学心理学家保罗·萨特指出："想象的活动是一种变幻莫测的活动。它是一种注定要造就出人的思想对象的妖术，是要造就出人所渴求的东西的；正是以这样一种方式，人才可能得到这种东西。"文学语言主要是模糊语言，它表达感情和思想倾向的特征就是含而不露，曲折隐晦，这就给读者留下十分广阔的想象空间，令读者回味无穷。教师引导学生抓住课文的模糊性来品味其意蕴，这是发展学生想象能力的有效途径。

（2）在阅读教学中训练联想力

与想象相关的联想力，也可以在阅读鉴赏中得到训练。其方法是以阅读文本为媒介，调动学生的期待视野、整合学生的知识与生活经验对文本进行多元解读。

3. 在写作教学中训练学生的想象力与联想力

（1）在写作教学中训练学生的想象力

想象是形象思维的主要结构成分，要培养学生形象思维能力，就不可不培养其想象能力。黑格尔认为："对于艺术家来说，如果说到本领，最杰出的艺术本领就是想象。"其实想象岂仅是艺术家的本领，小学生作文也需要想象的本领。它能弥补学生生活不足的缺陷，丰富生活的内涵，赋予形象的审美价值创造出形象生动的第二自然。义务教育语文课程标准对第一学段要求“写想象中的事物”，第二学段要求“观察周围世界，能不拘形式的写下自己的见解、感受和想象”，第三学段要求“能写简单的纪实作文和想象作文”，第四学段要求“运用联想和想象，丰富表达内容”“能根据文章的基本内容和自己的合理想象，进行扩写”。

为什么课标这样重视对学生想象能力的培养？那是因为作文是思想内容和书面表达形式的高度统一，是学生思想道德品质、语言表达与应用能力、书本知识及生活体验的综合反映，是富于创造性的语言表达与交流的实践活动，作文立意选材、布局谋篇、遣词造句的每一个环节都离不开作为形象思维主要结构成分的想象。想象力贯穿了整个作文教学之中，没有想象力，学生作文思路就会闭塞，内容就会空洞，立意就会落俗套。一句话，要提高学生的写作能力，就要培养学生的想象力。在作文教学中培养想象力可从以下几个方面入手。

（2）在写作教学中训练学生的联想力

与想象相关的联想力，也可借作文教学进行训练。作文中发掘材料、丰富材料都要靠联想。联想有横向、纵向、逆向、多向，均可在写作中得到训练。

横向联想。它是一种接近联想，是指在时间上、空间上或事理上比较接近的事物在人的体验中形成的联想。它反映的是由一个事物在时、空、理上的接近关系。

纵向联想。它实际上是关系联想中的因果联想。众所周知，物质世界是一个非常复杂又相互联系、相互依赖的整体。当你在考察物质世界中某些人或事物的普遍联系时，假如抽出相互联系中的某个现象加以思考，你就会发现：某一现象的发生正源于另一现象的存在，或者另一现象的存在必然引起又一现象的发生。这种因果间的联系正是进行由果溯因或凭因探果的客观依据。纵向联想就是要帮助人们厘清各种现象之间. 事理之间的因果关系。

4. 在口语交际教学中训练学生的想象与联想能力

所谓口语交际是指交际双方为了达成交际目的，运用口头语言和某种表达方式进行思想感情或信息交流的一种言语活动。语文教学的各个环节都可以渗透口语交际，比如自我介绍、看图说话、复述故事、讲故事、说理想愿望、说自己的感受、谈读后感、日常的交往情景的模拟、演讲、表演辩论等，而且小学教材中有些课文配有色彩鲜艳、形象生动的图画，这些图画常能唤起学生观察、联想和说话的兴趣，也适合对学生进行想象与联想能力的训练。

（三）训练学生把握审美情感的能力

情感是形象思维的重要因素，是一种推动想象与联想的从而塑造或鉴赏艺术形象的助推器。教育家布卢姆把情感比喻成“潘多拉魔盒”，从这个盒子里可以找到那些决定这一个人的人生性质的力量。在语文教学中，识字与写字教学、阅读教学、写作教学、口语交际教学综合性学习实践活动都可以训练学生的审美情感，尤其是阅读教学中的文学审美鉴赏活动，更适合训练学生的审美感情。文学作品中的形象无不打上作者审美情感的烙印。语文教师应该用高尚的思想道德情感去对学生进行潜移默化的感染，去开启学生情感的“潘多拉魔盒”，去塑造学生美好的心灵。这是为培养学生形象思维能力练内功。

格式塔心理学有一个心物同形理论。心物同形，又叫异质同构。人的心和外界事物具有不同性质，这就是异质，当这异质的心和外界事物相吻合时，就称之为同形或同构。按照这个观点来看创造和鉴赏：“创作就是把作家的心理力场转化为有形作品的物理力场，欣赏就是把作品有形的物理力场再转化为读者感受到的作者的心理力场。”把这一观念引进语文教学中，无论学习课文，还是练习写作，都是有益的。

1. 营造煽情的氛围和环境

语文教学的规律之一就是“以情悟文”，情感还要靠情感来打动。教师要引领学生设身处地去体验文本传递的情感，应创设一种与被感知对象相似的教学情境，从而唤醒知觉表象，然后过渡到认知对象的体验上。营造煽情的氛围与环境的方法很多，比如再现图画、渲染音乐、表情朗读、表演动作、展现生活、演示实物等。通过这些教学活动来激发学生有利于知识学习和个性健康发展的情感，让教师情、学生情、教材情三情合一，从而使学生在心理和生理上都能产生震动，得到情感上的洗礼。

2. 从感情表达出发把握朗读语气

在朗读教学中，所谓读出感情的“情”，应该是文本情、教师情、学生情的融通之情、共鸣之情。首先是教师要从文本的解读中挖掘出隐含的情感因素，从这些情感因素中引起自己的思想感情的回旋激荡，使教师自己的情和文本的情达到高度的和谐统一，然后再用教师与文本的共鸣之情去感染和打动学生，从而实现三情合一。三情合一的关键在于教师要能引导学生从作品中发现其所反映的矛盾与人类面临类同的现实矛盾的相似之处；发现人类相似的生活境遇与作品中表现的情境的相似之处；发现人类相通的人生经验与作品中表现的经验相通之处；发现在现实生活中能使人感动的大自然美景与作品描写的美景相吻合之处。这些现实矛盾的类同、生活境遇的相似、人生经验的相通、对大自然的共同向往就会产生教师、学生与文本的情感融通。所谓读出感情，也就是读出共鸣之情，融通之情。

3. 根据年龄特点训练抽象思维

在小学语文教学中对学生进行抽象思维训练，必须以学生的年龄心理发展的阶段性特征为原则。小学阶段按低、中、高三个年龄段分为三个学段，要尽可能了解和掌握年龄段的心理特征、认识规律，根据三个学段的相应学习内容特征，激发学习的兴趣，及时起步思维训练，凭借直观形象启发引导抽象思维，分段要求，逐步到位。

随着社会的进步，经济、文化、科技信息的飞跃发展，尤其是互联网技术的发展与生活化，小学生接触电视、网络、手机、QQ、微信、短信等电子影像设备或社交软件的机会很多，获取知识的渠道已不限于学校、教师、教科书、阅览室了，而是更多、更广泛。随着年龄、生活阅历的增长，小学生的人际交往面也更广，兴趣更广泛，更乐于参与各种社会活动。同时，也由于小学生阶段年龄心智发展的局限，他们对理解信息的概念，以及从情感态度与价值观方面对信息进行推理、判断，从而正确筛选信息、处理信息等方面的能力还很薄弱，很容易被鱼龙混杂的信息所误导。重视对小学生的抽象思维训练，有助于提高他们的思维能力，还有助于提高他们的学习效率。

4. 结合语言理解训练抽象思维

语言是思维的工具，是思维的载体。离开语言，思维就无法进行。语文就是口头语言和书面语言的合称。故在语文教学中训练学生的抽象思维，必须遵循结合语言理解的原则。

（1）理解语词的概念意义

事物概念的表达需要借助语言形式，语词就是表达概念的外显形式。在语文学习中训练学生的抽象思维，就要指导学生在理解语词含义的同时，理解其所指称的事物概念的含义，包括其内涵与外延。

语词和概念二者还是有区别的。区别之一是语义含义不同：语词除基本语义外，还有引申义、转用义、感情和语气等色彩；概念则只有逻辑含义。区别之二是具有不对应性：有的语词表达概念，有的不表达概念，如虚词类就不表达概念；有的语词可表达多个概念，而有的概念可用多个词语表达。任何概念都是确定性和灵活性的统一。训练学生学习和运用概念进行抽象思维时，要提醒他们注意概念和语词的联系与区别，要把语词教学同概念教学有机地结合起来。既要从语词的角度讲清它的意义，又要从概念的角度讲清它的内涵与外延，并尽量通过具体化的方法让学生逐步达到对概念的本质性理解。

要进行正确的思维，首先要理解语词的概念意义以达到明确概念。明确概念的方法有：定义划分、限制和概括。下定义就是用简洁的语词来揭示出概念的内涵。如：“学校”是指专门对学生进行教育的机构。这是对“学校”这个词语的解释，也是“学校”这个概念的含义。划分，是依据一定的标准，把一个属概念分为若干个种概念以揭示概念外延的思维方法。如：“笔”根据质料的不同，可分为毛笔、钢笔、粉笔、铅笔、圆珠笔。限制，就是增加概念的内涵以缩小概念的外延，从属概念过渡到种概念的思维方法。如：“人”，增加其“具有中国国籍”的内涵，就被限制成了“中国人”，外延就小了。这有助于明确和限制思维对象的范围，使语言表达明确、严谨。概括，就是通过减少概念的内涵以扩大概念的外延，从种概念过渡到属概念的思维方法。如：“人”，减少其“能够制造并且使用工具进行劳动”的内涵，就被概括成了“动物”，外延扩大了。概念的概括有助于掌握事物的共同本质。

（2）理解语句的判断意义

语句是表达判断的主要形式。判断作为一种思维形式，其存在与表达也都要依赖语句。如果没有语词和语句，人们就不可能进行思维，也就不可能形成概念、作出判断、进行推理。作为思维形式之一的判断就是由语句表达的。在日常语言表达中，人们既是在使用语句，也是在运用判断。若出现病句，除了有语法上的原因外，还有判断不恰当的问题。因此，弄清语句与判断之间的关系，理解语句的判断意义，准确把握语句表达判断的各种具体情况，对于准确恰当地运用语言表达思想，具有重要的意义。

语句是判断的表达形式，判断是语句的思想内容。不依赖和不借助于语句的判断是不可能形成存在和表达的。尽管语句与判断密不可分，但它们之间的区别还是很明显的。语句具有民族性，判断则是一种思维形式，不具民族性，或者说它具有全人类性；任何判断都必须用语句表达，同一个判断在不同民族语言中，是用不同语句表达的，但并非所有语句都表达判断；判断总对事物情况有所断定，而且总有真假，而语句却未必，其中陈述句、疑问句中的反问句、以陈述句为基础的感叹句（“这座楼真高哇！”）等，对事物情况进行了断定，都有真假之分，因而都表达判断，但其他疑问句、祈使句、感叹句等，没有对事物情况进行断定，当然也无真假可言，都不表达判断。再有，不同的语句可以表达同一个判断，同一个语句可以表达不同的判断。

要准确表达思想，必须重视句式的选择。汉语的句子有单句和复句之分；根据判断本身是否包含其他判断，判断有简单判断和复合判断之别。一般说来，单句表达简单判断，复句表达复合判断。就单句与简单判断而言，主语与简单判断的主项（包括它前面的量项）相对应，谓语则与简单判断的谓项（包括它前面的联项）相对应。

一般来说，简单判断一般都有质和量两个方面。“质”是指判断的主项和谓项的联系性质，“量”则指被断定事物的数量范围。判断的质表现为肯定和否定。在汉语中，肯定判断通常用肯定陈述句特别是带有判断动词“是”的判断句来表达。有时，也可以用不带“是”的陈述句来表达，如“孩子们非常高兴”。否定判断则常用否定陈述句表达，其语言标志有“不是”“不”“没有”“无”等，如“小王不是教师”“有些人不自私”等。有时，为了增强表达效果，肯定判断和否定判断也可以采用反问句或多重否定句等特殊句式来表达。在日常思维中，人们要表达的思想往往是比较复杂的。为了把这些复杂的思想表述得更加准确严密，就常常需要把两个或两个以上的简单判断组合在一起构成一个复杂的判断，这就是复合判断。一般说来，复合判断的语言表达形式就是由两个或两个以上意义上相关、结构上互不包含的单句组成的复句。基于这一点，判断的等值（意思上跟这个判断是一样的判断，亦即全同关系）与句式选择之间有着极为密切的关系，即表达等值判断的语句同时又属不同的句式，供人们表达思想时选择使用。

（3）理解语篇的推理方法

语篇是通过文本这一载体所传达的各种显性和隐性意义的总和。文本是指一篇语言材料在文字上的构成方式，它是以文字为单位的。概念含义、命题含义、语篇含义和语用含义这四种含义同时存在于语篇之中。语篇和文本有区别，又相互补偿。在阅读中，读者会根据语篇中明确表达的信息与自己的先前知识进行整合，发现语篇各部分之间的关联，得出语篇中没有明确表达而作者实际想要表达的信息，这样就产生了推理。推理是文本中没有明确提到却被激活的信息，或从语篇已知的语义信息中产生新语义信息的过程。推理不仅有助于读者在处理信息时提取知识，而且能促使语篇不同成分之间建立关联，进而形成完整而连贯的心理表征。可见，语篇理解在很大程度上取决于推理的产生，缺少必需和恰当的推理，理解就会不完全甚至产生误解。鉴于此，有学者把推理称为“理解过程的核心”。因此，对阅读过程中推理的研究一直是语篇阅读研究的重要组成部分。研究表明，阅读中许多因素会影响推理的产生，这些因素主要有两类：语篇因素和读者因素。影响推理的语篇因素主要有语篇体裁、语篇因果制约度等；而读者因素有读者的语言水平、阅读能力、背景知识等。

从语篇体裁看。不同的语篇体裁（也称文体）会影响推理过程。学生在阅读叙述类文体时比阅读说明类、议论类等其他文体更易于作出推理。这是因为记叙类文体与人们的日常生活情景联系较为密切，在理解日常生活经历时所用的推理机制和知识结构也会在记叙类文体的理解中同样使用。而相对来说，说明文、议论文往往是脱离日常生活的具体情景的，通常是为了向读者传递新的概念、普遍真理和技术信息。

从语篇因果制约度看。语篇因果制约度，是指语篇事件间的因果联系强度。语篇先前事件对将来事件的因果制约度是由先前事件的综合因果性，即语篇因果充分性决定的。语篇因果充分性的高低决定了语篇中某一事件引发某个特定结果的可能性。如果语篇因果充分性高，故事的发展明显指向某一明确结果，读者在阅读过程中就很容易推断出语篇将要发生的事件。语篇因果充分性越高，读者做出的前向推理（即预测推理）会越明确。

从读者的语言水平看。语言水平是指基本的语言能力，如词汇辨认和句法加工能力。读者的语言水平是影响阅读理解的一个关键因素。语篇的语义等信息的获取依赖于读者的语言知识。只有具备一定的词汇和语法等语言知识才能对语篇进行正确解码并建构有意义的文本。对于语言水平较高的读者来说，在词汇和句子层面的加工往往不会耗尽他们的认知资源，这样，他们就有足够的资源激活用于更高层次的加工（如推理）。学生进行文言文和古诗词的语篇理解较之现代文会觉得困难，就是因为对古汉语词汇辨认和句法加工能力不强，不能对语篇进行正确解码并建构意义。

从读者的背景知识看。背景知识主要指与语篇相关的普遍世界知识。背景知识结构是以经验为基础的，其内容由相互联系的意义构成。推理是读者基于一定的世界知识对语篇发生事件的推测。因此，推理的产生依赖于长时记忆中的普遍世界知识，尤其是因果知识。读者的背景知识是影响阅读理解和推理生成的重要因素。读者对某一主题了解的背景知识越多，就越容易感知语篇各成分之间的关系，填补理解中的空白，进行恰当的推理。而且，拥有不同背景知识结构的读者有可能在阅读同一语篇时作出不同的推理。因此，读者的背景知识会影响推理的加工。

第二节　聚合思维、发散思维与训练

一、聚合思维、发散思维的定义

（一）聚合思维

聚合思维是指思维者利用已有的知识经验、传统方法或逻辑规律，以某个思考对象为中心，从不同的角度、不同的方向将思维指向这个中心，从而达到解决问题的目的的思维方式。它又称为聚敛思维、求同思维、集中思维辐合思维、同一思维等，都是表明它从已知信息中产生逻辑结论，从现成资料中把广阔的思路聚集成一个焦点以寻求出正确答案这个本质特征。

一个善于聚合思维的人，在学习、工作或研究中，往往能够敏锐地抓住主问题，知道其关键，把思维集中在主攻方向上，深究义理，穷追不舍，就能势如破竹，在较短时间内缩小探索范围，迅速积累知识，找出规律，解决问题。

（二）发散思维

发散思维，又称辐射思维、放射思维、扩散思维或求异思维，是指思考问题时不墨守成规，不因循守旧，寻求变异，根据已知条件，沿着不同方向、不同角度和不同的关系去思考问题，从多方面、多层次去探寻解决问题的答案和方法的思维方式。不少心理学家认为，发散思维是创造性思维最主要的特点。著名的心理学家吉尔福特指出："人的创造力主要依靠发散思维，它是创造性思维的主要部分和最主要的特点，是测定创造力的主要标志之一。"

发散思维是与聚合思维相对的一种思维方式。发散思维对问题从不同角度进行探索，从不同层面进行分析，从正反两极进行比较，因而视野开阔，思维活跃。它可以使人在遇到问题时思维迅速而灵活地朝着多个角度、多个层次发散开来，从给定的信息中获得多个新颖的答案，可以产生出大量的独特的新思想。所以说，发散思维更利于创新思维的培养。但是，发散思维的创造性又离不开聚合思维，只有通过思维的聚合才能从对各种答案的分析、比较中选择出其中一种最佳的答案。所以，培养学生的创新思维，就不可忽视发散和聚合这两种思维的相互配合。学生由于受传统思维方式的影响和束缚，在遇到问题时往往思路狭窄，拓展不开，成为影响创造性思维的首要障碍，因而在教学活动中对发散思维的训练应该给以特别的重视。

二、聚合思维、发散思维的训练

（一）聚合思维的训练步骤和方法

学生在学校里的学习、考试，大都是靠聚合思维进行的，因而也可以说，学生学习成绩的优劣，与他们的聚合思维水平密切相关。在训练学生应用聚合思维方法时，一般要遵循以下三个步骤。[①]

1. 搜集掌握各种有关信息

进行聚合思维的前提是要采取各种方法和途径，搜集和掌握与思维目标有关的信息，资料信息搜集得愈多愈好，有了这个前提，才有可能通过聚合而得出正确的结论。所谓采取各种方法和途径，即在搜集信息的过程中，要注意吸收其他思维的优点和长处。最常用的方法途径是先进行发散思维，发散得越充分越好。在发散思维的基础上再进行集中，从若干种方案中选出一种最佳方案，同时注意将其他方案中的优点补充进来，加以完善，围绕这个最佳方案进行创造，效果才会好。

2. 分析清理筛选各种信息

对搜集和掌握的与思维目标有关的各种信息进行分析清理和筛选，这是聚合思维的关键步骤。通过对所搜集到的各种资料进行

[①]林润之，刘永康．语文思维教学研究[M]．桂林：广西师范大学出版社，2017.

分析，区分出它们与思维目标的相关程度，以便把重要的信息保留下来，把无关的或关系不大的信息淘汰。经过清理和选择后，还要对各种相关信息进行抽象概括、比较、归纳，从而找出它们的共同的特性和本质的方面。在学生作文训练过程中，教师通常都要先指导审题、立意；确立了主题，就要依题意进行原点发散思维，搜集相关的信息材料；接着就是分析清理筛选各种信息，形成题材，再构思、写作。在这些环节中，如何从发散思维搜集来的信息材料中进行分析清理，寻找它们相同的本质性的东西，抽象出共同点，成为题材，这是最关键的。这个环节就是发挥聚合思维作用的关键环节，做好了这一步，就为组织文章结构，并为文章有新意奠定了坚实的基础。

（二）发散思维的训练方法

发散思维是对问题从不同角度进行探索，从不同层面进行分析的高层次思维活动。思维发散不依靠任何介质，但一定要有起因，也就是说要有一个引发事件为发散点。发散思维的训练方法非常多，但各种发散思维方法都离不开“类比”，发散思维能力说到底就是一种迁移类比的能力。

1. 一般方法

材料发散法：它是指某个物品或某种材料为发散点，设想它的多种用途，并对材料的各种专用特性进行研究、改进，达到要求的目标。

功能发散法：它以某事物的功能为发散点，设想这种功能的其他用途。如：灯—发光，发热，取暖，烘焙等。如在某地举行一场别开生面的时装表演，一些平常被人们遗弃的垃圾，成了这次时装表演的主要原材料：用旧报纸、画报做的衣衫，用易拉罐做的衣裙的饰物，用旧光碟做的头饰等应有尽有，令人眼花缭乱，使人深切感受到了什么才是真正的变废为宝。从发散思维的角度出发，没有废料一说。因为借助于功能发散，可以变废为宝，使一切废物得到利用。

比如教学中创设多功能的例题，例题各知识点之间可以有很好的承启性和联系性，那么就构成了例题传递知识的延续性，有利于用一个简单题干贯穿多个知识点，该题干就好比穿珍珠的线，有利于将知识进行集成，“将书读薄”。它能够根据已有习题，通过改变题设，变换条件，从而创造性地改编习题。这是多功能例题的一大优点。又因各题设之间不相互依存，可分可合，每项题设可包含一个知识点，因此它可分解成多个专一型例题，有利于单一知识点的教与学。这样就使例题具有“一题多解”“多题归一”的创新功能。还可以通过适当改变、组合、创设题设条件，将例题合并成综合性立体，达到考察综合应用的能力。通过对同一例题的不同设问，有利于开展问题式语文和启发式语文，让学生充分发挥自己纵横双向联系、求同思维、求异思维与发散思维等. 开展知识点的横向、纵向类比，还可让学生自己创设多功能例题，锻炼各种创新思维能力。

结构发散法：它是指以某事物的结构为发散点进行思考，设想出利用该结构的各种可能性，找出有待于进一步完善的部位，从而创造出新事物的发散思维方法。例如：人们日常用品—伞，在使用中不满其现状的人就从其结构上找出一连串需要改进的部位：伞面大、伞杆长，携带不方便；要用双手开合，拿着东西就不方便；雨天容易把水弄到别人身上、会弄湿地板……针对以上问题分别进行研究、解决，就创新出现在使用的，可以折叠、自动打开，还可以收入袋子中的伞。在作文教学中，可以通过指导学生运用结构发散法，对词语结构、句型结构、修辞结构、文体结构、表达方式等进行思考，就有可能写出好文章。

形态发散法：它是指以事物的形态（如形状、颜色、音响、味道、气味、阴暗等）为发散点，设想出利用某种形态的各种可能性的发散思维方法。

2. 假设推测法

假设的问题不论是任意选取的，还是有所限定的，所涉及的都应当是与事实相反的情况，是暂时不可能的或是现实不存在的事物对象和状态。由假设推测法得出的观念可能大多是不切实际的、荒谬的、不可行的，这并不重要，重要的是有些观念在经过转换后，可以成为合理的有用的思想。

比如，在阅读活动中，读者与书本共同完成了一个特定的交际过程，书本是发出交际信息的源头，而读者则是接收和处理交际信息的另一头。读者接收和处理来自书本的信息，绝不会全盘接受，而会根据自己的生活经历、阅读经验、知识水平和个性修养加以联想、想象、假设推测与改造制作，才有选择地加以吸纳。学生的阅读也一样。这种阅读过程，充满了学生的积极活动，并且他们会把很多自己的东西代入阅读的过程中，使静态的课文变为动态的活的生活中的事件，形成“人”“本”互动的机制。这种阅读机制在小学生的身上已明显地表现出来。真正的课堂交流，学生必然会自己感悟，怎样想就怎样说。这就难免见识有高下，持论有是非，需要教师的引导。问题在于教师能否恰当运用假设推测法，引发学生的假设推测。例中的学生依据教师的假设进行自我推测的发散思维，得出的想法可能是不切实际的、荒谬的、不可行的。但这并不重要，重要的是经过教师因势利导的点拨后，使讨论引向获取正确的结论。

3. 头脑风暴法

所谓头脑风暴，最早是精神病理学上的用语，指精神病患者的精神错乱状态而言的。而现在则成为无限制的自由联想和讨论的代名词，其目的在于产生新观念或激发创新设想。“头脑风暴法”体现着多向求解法的运用。当采用头脑风暴法组织群体决策时，最重要的一条是追求决策意见的数量，意见越多，产生好意见的可能性越大。头脑风暴法的所有参加者都应具备较高的发散求异思维能力。头脑风暴法的实施必须严格遵循其基本原则。

第一，排除评论性的判断—对设想的评论都要在“头脑风暴”结束后进行；

第二，鼓励“自由想象”—设想看起来越荒谬可能越有价值；

第三，要求提出一定数量的设想—设想数量越多，就越有可能获得更多有价值的设想；

第四，探索研究组合和改进设想—除了与会者本人提出的设想以外，要求与会人员提改进他人设想的建议，或者要求与会者指出按照他们的看法怎样才能将几个设想综合在一起，然后提出一个新的设想。

第七章　语文教学思维创新能力培养

第一节　创设培养学生思维创新能力的情境

要系统持续地开展培养语文教学思维创新能力的活动，需要多方合力营造良好的培养环境氛围。具体来说包括以尊重个性为出发点的自主学习氛围，促进共同进步的合作探究氛围，实现合理发展的积极创新氛围。

一、创建尊重个性的自主学习氛围

每个学生的大脑都是一个独立的思维系统，体现思维创新能力的形式也多不相同。要有效地发展思维创新能力，应该改变吸收式的教学观。社会要实现各领域的繁荣发展，就不能抑制学生个性化的发展。个性化意味着要正视个体之间的差异性，并且尊重学生的个性。华国栋在《差异教学论》一书中提出在教育教学中要从性格、兴趣和能力三个方面分析学生的差异。皮连生认为个性差异是指“人格特征在个体之间所形成的不同品质”。他认为人格（个性）差异是一个相对宽泛的概念，人与人之间身体上、认识及情感方面的差异都被包括其中。依据上述观点与教学实践，可以看出年龄和智力相当的学生个性主要存在性格、能力、兴趣和认知等心理层面的差异。教学中语文教学教师应时时刻刻体现出对每个学生的尊重、理解和信任，与学生平等交往，帮助学生树立自信心，启发鼓励学生大胆质疑。学生把自己的心得体会坦诚地告诉教师，积极诚恳地汲取教师的建议。这样师生就能够相互吸引，相互包容，全力投入到教学活动中。[①]

二、营造共同进步的合作探究氛围

语文教学思维创新能力的形成不能仅靠一人之力。个人学习需要深入的探究能力，但是个人的探究往往带有片面性，所以合作探究就显得尤为重要了。阅读合作探究体现为教师指导学生的经验型探究和学生之间的互助型探究两种形式。

师生之间的探究产生了传统和新兴观点的碰撞，不是为了比较孰优孰劣，更是相互积极地影响。学生之间的探究是平等层面观点的交流，这种形式的探究可能存在内容的重合或者冲突，也可能互相补充。教师可以通过设置探究性的问题营造探究氛围，创设启发性的教学情境来调动学生的积极性，并组织学生之间以小组合作等形式展开讨论、分析和总结。思维水平较高的学生与水平较差的学生交流探讨，能够实现相互启发。语文教学课堂上应该合作探究，实现教学群体的共同进步。

三、构筑指向发展的积极创新氛围

思维创新能力的高层次体现的是学生的创新能力和发展能力，因此要为培养语文教学思维创新能力提供积极创新氛围。创新与发展更多的是对学生精神层面的要求，而阅读教学对学生精神的熏陶是最深刻的。语文教学受到知识和情感的牵引，二者动静融合影响着学生的思维。为培养语文教学思维创新能力，积极创新环境应找

[①]宋秋萍．创设情境培养学生的创新能力—在小学语文教学中的几点做法[J]．黑河教育，2019（11）：46-47.

准着力位置。首先要教学方式要创新，在阅读课堂上教师可以使用幽默风趣的语言和新颖的教学方法等；在课后开展丰富的课外阅读活动形式，让创新思想深入学生生活的方方面面。其次教学内容要创新，教师根据学情来确定教学的内容，适当的时机可以渗透为学科服务的新概念和新技术。最后积极进行阅读创新实践，将传统与新型的阅读形式结合。为了创设培养的环境，还需要学校、家庭和社会通力合作。

第二节　思维创新能力培养的文体教学策略

语文教学有规律可循，但要以科学深入地理解语文学科的内涵为前提。受应试教育的消极影响，学生并没有真正形成独立阅读和学习的能力。语文在各学科中所占的阅读比重最大，所以语文教学阅读教学在培养学生思维创新能力上承担了重要角色。

一、记叙文教学细化阅读，保持思维连贯

（一）明确记叙文培养思维创新能力的方向

记叙文以人、事、景和物为主要写作内容，分为写人记叙文、叙事记叙文和写景状物类记叙文。记叙文作品的共同点是文章中包含着思想情感，要体会其思想的深刻性必须学会阅读文本。所谓学无定法，思维创新能力就是让学生根据实际情况，做到即使没有现成的经验可以借鉴，也能从容自如地阅读。记叙文教学遵循由浅入深的顺序，指导学生做到通读全篇，细读人、事、景，品读思想。在记叙文教学中培养思维创新能力要细化阅读，保持思维连贯，提升思维创新能力的批判性、鉴赏性和创新性。

（二）自主阅读，注重整体把握和概括信息能力

记叙文的课文内容主要围绕重点展开，情节紧凑，吸引学生深入阅读。所以在进行课堂教学时，教师应该尽量让学生结合相似的生活情节阅读。学生能够深刻理解课文的人物形象，增强处理现实生活矛盾的能力。

课前组织学生自读课文两遍，学生在熟悉课文框架的基础上，对人物和事件进行初步感知。这时的阅读是没有目标设定的，学生可以沉下心来，自主阅读课文。自主阅读时学生的思维是自由的，学生的想象力和联想力也真正在发挥作用，也能够生成更多个性化的阅读理解。

（三）发散阅读，提升阅读思想力和思维创新力

在研读课文时，学生已经把握了作者的创作意图。进入再读环节，我们要获得文章的“读者意义”，也就是自己对内容的看法。作者给了文章最初的生命，有人说文章从完成那一刻起就失去了生命，而学生通过思维创新能力感悟语言文字符号，能给文章第二次的生命。

二、说明文教学分解要素，整合思维材料

把握说明文培养思维创新能力的方向：说明文的文体特点主要表现为内容的知识性、结构的逻辑性和语言的科学性，以上都是说明文所呈现的陈述性知识。阅读说明性的文章要从说明的对象、顺序和方法以及语言特色方面，领会作品中体现出来的科学精神和思想方法。说明文教学中将说明要素清晰地分解出来，再融合成丰富的思维材料，能有效提升学生思维创新能力的整合性、发散性和逻

辑性。

全面收集说明对象信息，提升思维创新能力的整合性：面对纷繁复杂的材料信息，学生一开始的思维肯定是无序的。梳理文章的层次需要找到全面的信息，并有效地进行收集和整合。在上文分析思维创新能力结构要素的时候，就已经提到了此阶段应该发挥阅读思考力的作用。

感悟说明文语言，提升思维创新能力的发散性：说明文的语言特点分为平实性和生动性。受说明文的实用性功能影响，学生往往只注重对说明文语言的准确性和平实性的分析，而忽略其生动性。这会造成对说明文语言的片面性理解。说明文教学中有意识地矫正这个问题，可以打破错误的思维定势。

理清说明顺序，增强思维创新能力的逻辑性和严密性：在说明文教学中信息整合能力很重要，在此基础上的文本理解才能更加透彻深入。在说明文中出现了大量的科学现象，这些都是说明对象的外在表现。说明文阅读需要结合说明现象深入科学内核。多数学生能够结合生活实际理解说明文中现象，做出常理性的归纳。但是要科学地认识其实质，需要我们透过表层去揭示其规律性，培养梳理说明结构的思维创新能力。

说明性文章除了向学生展示一般性的文体知识，也侧重对科学知识与方法的普及以及科学思想的熏陶作用。在阅读教学中，说明文经常因其说理性和平实性，而无法引起学生的学习兴趣。教师在初学说明文的阶段应该避开纯知识传授的方式。本环节教师由说明文新颖的结构形式入手，让学生能够“读下去”“读进去”。正因为说明文的结构顺序体现逻辑性，有利于培养学生理性思维创新能力。

三、议论文教学剖析逻辑，发散思维角度

明确议论文培养思维创新能力的方向：议论文与以上文体呈现的思维类型有明显的区别。如在记叙文中体现的思维方式既有直观的形象思维，也有抽象的灵感思维或逻辑思维。而议论文通过议和论的形式行文，以说理性和思辨性见长，回答的是“为什么”的问题。一篇完整的议论文通常包括论点、论据和论证三个要素。按议论内容分为政论、书评、文艺评论、学术论文等，从社会应用角度可以分为开（闭）幕词、演讲稿和序等。

在议论文教学中通过提升学生的逻辑剖析能力，培养学生思维创新能力的批判性和深刻性。

教师让学生分享本课字词的预习成果，是对学生个体思维创新能力的考察。学生搜集的内容越全面，表明越熟悉课文内容。因为个体思维不具有普遍代表性，所以老师提出补充回答的要求是很有必要的。小学阶段的学生有了一定的字词积累和工具书查阅能力，对于需要了解掌握的文学常识，教师可以放手让学生自己去搜集整理，也是对学生独立阅读能力的锻炼。从问题简单入手让学生体会到积极思维的成就感，调动学生继续思考，才称得上是科学的思维训练方式。

四、应用文教学对比迁移，转化思维成果

（一）应用文培养思维创新能力的方向

应用文是在社会生活实践中形成的一种文体，协助人们的生活、学习和工作事务。随着社会分工的细化，应用文被赋予的功能也越来越多，在社会生活的各领域发挥着作用。语文教学目前常见的应用文包括书信、启事、便条、申请书和倡议书等形式。在应用文教学中主要培养小学生的实用性思维创新能力，提升思维的灵活性和积极性。

（二）应用文培养思维创新能力的课例分析—以启事的教学为例

针对应用文主题的明确性、语言的规范性和格式的固定性，明确启事的作用、类型及格式。启事的结构一般包括启事的标题、具体内容及尾部的署名与日期。

第一步：将不同等级的启事例文对比阅读，以提升学生的阅读思辨能力。在应用文教学中，先要给学生提供优秀的写作范文，因为对于初学者来说需要有一个参照的标准。同时也要将错误的写作例子呈现给学生，作为补充的教学资源让他们吸取教训，避免出现类似的错误。笔者在实际教学中进行了如下尝试。

在课前布置了了解启事知识和阅读范文的预习作业。课堂教学时首先在投影仪展示启事实例，要求学生认真阅读与观察。学生比照启事写作的相关要求后，发现第一篇没有问题。接着笔者继续展示下一篇，结合之前对启事文体知识的初步预习，部分学生能指出一些格式和语言上的错误。紧接着屏幕又交叉展示了更多的正反面作品实例，大多数学生结合前面的分析，能逐渐准确地辨别例文中的错误。最后笔者让学生回顾整理本节课所掌握的知识内容，并提醒学生在今后的启事写作中应注意的事项，比如落款和时间的位置错误是常见的。

通过分析比较正面和反面的文本实例，学生明确了正确的思维方向。应用文的教学内容虽然不具有较强的吸引力，但只要结合学生思维兴趣点合理引导，也能有效地锻炼思维的敏捷性、灵活性。挑错误环节的设置让学生产生了自我成就感，可极大地调动学生的思维积极性。

第二步：参与写作启事的实践，结合生活和学习培养学生思维的迁移能力。应用文的主要功能就是为社会生活服务。在课堂锻炼学生的应用文写作能力，可以将学生的思维创新能力与写作思维创新能力顺利链接。通过课堂阅读教学和阅读相关例文，学生可以获得启事的写作知识和写作能力。启事在学生的日常生活中比较常见，所以也容易就地取材地展开训练。

首先，教师交代启事背景为某同学捡到东西，想请同学们帮忙拟写一则招领启事告知失主。接着教师要求学生按照启事的规范格式，合作讨论该启事应包括的内容要素。学生们边讨论边做记录，五分钟后各小组派代表发言。（教师板书学生的发言内容）其中有同学指出，启事中简要列出捡到的物品名称即可，对证件号码和财物数目等不能详写，以防止冒领。该观点得到了同学们的一致认同。

之后师生整理发言内容，得出启事包括标题、正文要出现捡到物品的时间、地点、捡到的物品（注意不能详写），落款注明启事者的联系方式和发文时间。最后教师要求大家当堂完成本则启事，由小组成员推荐优秀的学生作品进行展示。

本环节教师为学生提供的启事写作背景在生活中较为常见，学生能结合以前的阅读经验形成初步的启事写作思维。这种亲身实践的写作，能训练学生进行积极的思维，整合阅读信息转化为文字表达能力。

语文阅读的过程本身伴随着思维，语文教学对学生思维创新能力的培养是最切实的。语文教学几种常见文体教学内容既相互独立也存在着交叉，需要培养而且能够培养多种形式的思维创新能力。

第三节　思维创新能力培养的评价策略

语文教学学科的教学评价结合语文教学模式制订，是检测教学成果的主要方式。近年来随着对学生课堂地位的关注，教学评价更加关注学生情感与智力的协调性发展。出于语文教学思维创新能力培养的现实需要，相关的教学评价体系也应建立起来。语文教学评价现状是评价形式在不断增加，但是实际使用却呈现单一化和传统化。单一传统的教学评价形式会造成评价结果出现不公平的现象，进而影响学生学习语文的积极性。因此培养小学思维创新能力的教学评价要体现公正性、全面性与灵活性，做到评价依据的合理化、评价内容的针对性和评价方式的多样性。

一、评价依据要合理化

教学评价主要依据学生的课堂表现、课下反馈练习和考试成绩等。学生在课堂上的表现主要是听课的专注程度，对教师问题的反应速度，课堂笔记的条理性和完整度以及与同学之间的合作探讨等。这些表现都需要在教学过程及时评价，所以教师要认真观察学生的课堂反应。当课堂在某一环节学生出现困惑的学习状态时，应及时调整教学思路适应学生的思维。对课堂表现专注的同学提出言语上或者奖状等书面性质的表扬，对课堂表现异常的学生要详细了解原因再深入交流。课下反馈是对课上学习情况的摸查，教师可以采用谈话的方式了解学生的学习进展，也可以发放限时训练，并及时批阅反馈给学生。目前对学生阶段性的教学评价主要是依据考试成绩。考试面向学生体现公正性，但也不能排除中途出现意外而影响成绩的情况。所以还应该结合学生近期课堂学习的表现、其他学科教师的反馈、学生家长和同学的意见对其做出合理评价。[①]

二、评价内容要有针对性

语文教学学科随着课程改革也在更新着教学的内容，因此对学生的教学评价内容不断调整。不同阶段学生思维水平呈现不同的特点，评价的内容也要具有针对性。让评价者和被评价者能根据评价内容，清楚地了解学生语文学习发展状态。小学阶段的学生处在思维发展的有利时期，心理学家通过对学生运算能力的发展研究得出，小学二年级是逻辑思维由经验型向理论型的过渡期，此时评价内容主要是集中于学生思维的抽象性发展。对学生的评价内容在全面的基础上，一定要有所侧重。首先是学生基本学习任务的完成情况，这时评价的内容要求一致，以实现学科基础的全面夯实。其次在能力提升阶段，对学生学习的优势部分要做出鼓励性评价，薄弱部分也要适当做出引导性评价，实现突出所长，补足短板。最后还要注意对学生学习过程中的突出表现进行正面评价，让学生肯定自己，

[①]李媛．语文教学与思维创新[M]．天津：天津科学技术出版社，2019.

建立自信心。

三、评价方式要多样化

教学评价按空间分为课中评价和课后评价。教师的课中评价方式又可以分成语言性的评价和非语言性的评价。在语文教学课堂上教师对学生进行的语言评价主要是鼓励和正面引导。如教师可以对经常发言的学生给予表扬，要求其他学生以积极发言的同学为榜样：对经常积极发言的学生在语言鼓励的基础上，可以做深入性的引导，增强其语文思维的深刻性和发散性。课堂上教师的非言语性评价主要是借助教师的面部表情和肢体语言实现。在学生发言内容精彩时，可以在结束后带动其他同学鼓掌，促使学生继续积极地发挥思维创新能力。在学生表述出现停顿时，应该适当等待学生思考，并以微笑和眼神鼓励其继续回答。教师对学生的评价是指导性的，还可以让同学之间展开互助性的评价，实现评价者和被评价者思维创新能力的互相影响。课外评价主要是通过测验和考试，对硬性的评价方式也存在着不同的意见。学生成长的评价应该从多角度考察，在成绩之外的品德、修养就无法通过答题的方式查看。借鉴目前出现一些新的评价形式，如建立成长档案、进行社会实践，都可以进行积极的评价尝试。小学生思维正处于形象思维向抽象思维过渡的关键时期，语文教师在教学中营造良好的培养氛围，采取合理的教学手段和评价方式，能极大地促进学生的思维创新能力发展。